Michelle Beyer
Simone Lück-Hildebrandt

Besser in Französisch

Grammatik 11.–13. Klasse

Cornelsen
Power Learning

Die Autorinnen:

Michelle Beyer ist Französischlehrerin an einem Gymnasium.
Französisch ist ihre Muttersprache.

Simone Lück-Hildebrandt unterrichtet Französisch an einem Gymnasium.
Sie ist außerdem Beauftragte für Lehrerfortbildung im Fach Französisch.

Cornelsen online http://www.cornelsen.de

Bibliografische Information:
Die Deutsche Bibliothek verzeichnet diese Publikation in der Deutschen Nationalbibliografie; detaillierte bibliografische Daten sind im Internet über http://dnb.ddb.de abrufbar.

Dieses Werk berücksichtigt die Regeln der reformierten Rechtschreibung und Zeichensetzung.

6. 5. 4. 3. 2. Die Ziffern bezeichnen
09 08 07 06 05 Zahl und Jahr der Auflage.

Redaktion: Heike Friauf, Berlin
Herstellung: Kristiane Klas, Frankfurt am Main
Umschlagentwurf: Bauer + Möhring, Berlin
Illustrationen: Stefan Matlik, Essenheim
Satz: Utesch GmbH, Hamburg
Druck und Bindung: Tesinska Tiskarna, Cesky Tesin
Printed in the Czech Republic
ISBN 3-589-22140-2
Bestellnummer 221402

Gedruckt auf säurefreiem Papier,
umweltschonend hergestellt aus chlorfrei gebleichten Faserstoffen.

Inhalt

So lernen Sie mit diesem Buch

Aus welchem Grund Sie sich auch entschlossen haben, Ihre Französischkenntnisse zu verbessern – dieses Buch wird Ihnen helfen, beim Umgang mit der französischen Grammatik sicherer zu werden.

Der Aufbau dieser Lernhilfe orientiert sich an den Grammatikthemen, die in der Regel zu Beginn der Oberstufe noch nicht ganz sicher sitzen. Selbstverständlich muss diese Lernhilfe nicht von vorne nach hinten durchgearbeitet werden. Die einzelnen Themen können Sie unabhängig voneinander bearbeiten.

Obwohl wir uns bemüht haben, das Vokabular auf Ihren Kenntnisstand abzustimmen, ist es nicht immer gelungen, unbekannte Wörter zu vermeiden. Die Übersetzung finden Sie dann unmittelbar hinter dem unbekannten Wort. Es ist jedoch insgesamt sinnvoll, ein Wörterbuch zur Hand zu nehmen.

Jedes Kapitel dieses Buches enthält:
- eine Übersicht über die behandelten Themen,
- grammatische Erklärungen mit Beispielsätzen,
- ein bis zwei Übungen zum jeweiligen Thema,
- einen abschließenden Test.

Der Test am Ende des Kapitels enthält Übungen, für die Sie alle behandelten Themen des Kapitels beherrschen müssen. Anschließend geben Sie sich für die richtigen Ergebnisse Punkte und überprüfen selbst, ob Sie mit Ihren Fortschritten zufrieden sein können. Haben Sie nicht mehr als die Hälfte der angegebenen Punktzahl erreicht, sollten Sie das Kapitel noch einmal sorgfältig durcharbeiten.

Für Ihre Arbeit mit diesem Buch sollten Sie sich ein Heft anschaffen, in das Sie die Übungen hineinschreiben, die nicht direkt im Buch bearbeitet werden können.

Für alle anderen Übungen nehmen Sie am besten einen Bleistift. Dann können Sie radieren und eine Übung, mit der Sie nicht ganz zufrieden waren, noch einmal wiederholen. Mit Hilfe des Lösungshefts überprüfen Sie Ihre Eintragungen. Schauen Sie die Lösungen aber immer erst an, wenn Sie eine Übung vollständig bearbeitet haben!

Zum Schluss stellen wir Ihnen Marianne vor.

Sie ist die Symbolfigur der Französischen Republik. Entsprechend dem Geschmack der Zeit hat sie häufiger ihr Gesicht gewandelt. Heutzutage ist sie den Gesichtszügen der Schauspielerin Catherine Deneuve nachgebildet. Natürlich ist sie auch häufig in Karikaturen abgebildet. Hier in diesem Buch begleitet sie die grammatischen Erklärungen. Manchmal treffen wir sie auch mit ihrem Freund, dem deutschen Michel.

Viel Erfolg und Spaß beim Üben mit diesem Buch!

Michelle Beyer und
Simone Lück-Hildebrandt

1 Das Passiv
Le passif

A Die Bildung des *passif*
B Der Gebrauch
C Reflexivkonstruktionen mit passivischem Sinn

A Die Bildung des *passif*

Sehen Sie sich zunächst in Ruhe dieses Beispiel an:

Aktiv:	Le feu S	**a dévasté**	une grande partie de la forêt. COD
Passiv:	Une grande partie de la forêt S	**a été dévastée**	par le feu. CA

Wie wandeln Sie einen Aktivsatz in einen Passivsatz um? Bei der Umwandlung eines Satzes vom Aktiv ins Passiv wird das direkte Objekt (COD = *complément d'objet direct*) des Aktivsatzes zum Subjekt (S = *sujet*) des Passivsatzes, und das Subjekt des Aktivsatzes wird zur Ergänzung mit einer Präposition (= adverbiale Bestimmung des Urhebers; CA = *complément d'agent*).

Toute l'Europe (f.)	*était touché***e**	par une vague de chaleur.
Une grande partie de la forêt	*a été dévasté***e**	par le feu.
Chaque année, ces incendies	*sont causé***s**	par des gens malveillants.

Allerdings ist nicht in jedem Passivsatz eine Ergänzung erforderlich:

Cette fois-ci, des sommes considérables	*seront mis***es**	à la disposition de la région.
Ce sont les petits agriculteurs qui	*doivent être assisté***s**.	

Die entsprechende Zeitform von *être* + *participe passé*
oder von Modalverb + *être* + *participe passé* } ergibt die Form des Passivs.

Die Form des *participe passé* muss dem entsprechenden Subjekt angeglichen werden.

Wie im Deutschen können nur die direkt transitiven Verben ein persönliches Passiv bilden. Beachten Sie aber zwei Verben, die eine Ausnahme bilden: *obéir* (gehorchen), *pardonner* (entschuldigen).

Très souvent, les grand-mères ne sont pas obéies.
Vous êtes pardonné.

1 Rien que des mauvaises nouvelles.
Transformez les phrases actives en phrases passives; respectez le temps donné et le verbe qui doit s'accorder au nouveau sujet de la phrase.

1. Dans la nuit du 16 au 17 août, un accident de voiture a provoqué la mort de trois jeunes gens.

   La mort de trois jeunes gens a été ______

2. La faim et la soif aggravent la situation de la population au Ruanda.

   ______

3. Avant, la guerre dans cette région avait déjà entraîné la mort de plusieurs milliers d'hommes, de femmes et d'enfants.

   ______

   ______

4. L'année prochaine, le gouvernement augmentera les impôts.

   ______

5. Si les assistants sociaux n'étaient pas intervenus, les jeunes auraient saccagé le centre d'affaires de la banlieue.

   ______

6. Le juge d'instruction accuse le ministre des finances d'être impliqué dans une affaire de corruption.

   ______

7. Le mauvais temps avait surpris trois jeunes alpinistes; heureusement que le secours en montagne a pu sauver les trois imprudents.

   ______

   ______

8. D'après le journal le Sunday Times, l'Arabie saoudite aurait financé le programme nucléaire irakien.

   ______

B Der Gebrauch

- Mit dem Passiv können Sie einen Vorgang schildern, aber auch einen Zustand beschreiben.

Im Französischen wird der Unterschied zwischen Vorgangs- und Zustandspassiv anhand der präpositionalen Ergänzung *(complément d'agent)* deutlich:
eingeleitet mit **par** ⇒ **Vorgang**
eingeleitet mit **de** ⇒ **Zustand**

Dès son arrivée, la vedette fut entourée **par** de nombreux journalistes.
*(Bei seiner Ankunft **wurde** der Star von zahlreichen Journalisten umringt.)*
Sur cette photo, grand-père est entouré **de** tous ses enfants et petits-enfants.
*(Auf diesem Foto **ist** Großvater von allen seinen Kindern und Enkeln umgeben.)*

Einige Verben werden grundsätzlich von der Präposition ***de*** begleitet, z. B.:

être écrasé,e	de	erdrückt werden; überlastet sein von*	
assailli,e	"	bestürmt werden mit	**Verben im übertragenen Sinn**
entouré,e	"	umgeben sein von	
décoré,e	"	geschmückt sein mit	
suivi,e	"	in Begleitung sein von	
accompagné,e	"	begleitet werden/sein von	

* aber: être écrasé,e **par** un camion (von einem Lastwagen überfahren werden)

être bordé,e	de	gesäumt, eingefasst sein mit	
oublié,e	"	vergessen sein von	**Verben, die einen Zustand bezeichnen**
ignoré,e	"	unbekannt sein bei	
connu,e	"	bekannt sein bei	

être aimé,e	de	geliebt sein von	
estimé,e	"	geachtet sein von	
détesté,e	"	verabscheut sein von	**Verben, die ein Gefühl, eine Gemütsbewegung bezeichnen**
haï,e	"	gehasst sein von	
craint,e	"	gefürchtet sein von	
effrayé,e	"	erschrocken sein über	
surpris,e	"	überrascht sein von	

In Sätzen ohne *complément d'agent* wird der Unterschied zwischen Vorgangs- und Zustandspassiv durch die Tempuswahl oder nur durch den Bedeutungszusammenhang geklärt.

La fenêtre est ouverte.	– Das Fenster ist offen. (Zustand)
Le musée sera fermé mardi.	– Das Museum wird am Dienstag geschlossen sein. (Zustand: gilt nur für Dienstag; danach ist es wieder offen!) Oder: Das Museum wird am Dienstag geschlossen [werden]. (Vorgang: Danach bleibt es geschlossen!)

2 Un certain espoir…
De ou par – décidez d'après le contexte; employez le temps proposé.

1. Lundi prochain, un accord de paix ______________________ signer/futur
   ______ les deux pays en guerre depuis de longue années.
2. Pendant plusieurs mois, le cessez-le-feu _________________ observer/passé composé
   _______ _______ deux côtés.
3. La cérémonie de la signature ________________________ suivre/futur
   _______ discours des deux ministres des affaires étrangères.
4. La paix _______ très ___________ _______ la population des attendre/présent
   deux pays.
5. Les rues dans les deux capitales _______________________ décorer/futur
   ______ drapeaux.
6. Le texte du traité de paix _______________________ _______ accompagner/présent
   une lettre qui prévoit l'échange des prisonniers de guerre.

7. Il y a quelques semaines déjà, les soldats gravement malades _____ ______________________ _____ les représentants de la Croix Rouge. — échanger/plus-que-parfait

8. Bien sûr, les deux pays ______________________ _________ problèmes économiques et financiers. — écraser/présent

9. La situation dramatique ______________________________ _______ une aide internationale. — pouvoir améliorer/présent

10. Mais en général, une telle aide _________________________ _______ autres problèmes. — suivre/présent

11. Très souvent, la population la plus défavorisée ___________ ______________________ _______ les dirigeants politiques et économiques. — oublier/présent

12. Pour l'instant, l'accord de paix _________________________ avec soulagement _______ la communauté internationale. — accueillir/présent

- Passivkonstruktionen werden insbesondere in der Schriftsprache benutzt, um im Wechsel mit Aktivkonstruktionen einen Aussagegegenstand als weiterlaufendes Thema zu behandeln. In den meisten Fällen wird der Urheber in Form eines *complément d'agent* nicht genannt; bildet er jedoch den Aussageschwerpunkt des Satzes, wird er hinzugesetzt.

3 La grève des contrôleurs du ciel a perturbé le trafic européen.
Rédigez cet article de journal à l'aide des éléments proposés tout en gardant leur ordre; utilisez le passif, si le contexte l'exige.

1. Des perturbations (Störungen) importantes sur l'ensemble de l'Europe – entraîner – la grève des aiguilleurs du ciel (Fluglotsen) du centre de navigation aérienne d'Aix-en-Provence/passé composé
2. Dans la journée d'hier, l'axe entre l'Allemagne et l'Europe du Sud – particulièrement – toucher/imparfait
3. Les compagnies européennes – détourner (umleiten) – beaucoup de vols sur les zones de contrôle de Brest, Bordeaux, Paris/passé composé
4. Le trafic aérien en Suisse – également – perturber – avec des annulations et des retards/passé composé
5. L'Italie a accepté qu'une partie du trafic aérien allemand à destination de l'Espagne – détourner au-dessus de son territoire/subjonctif!

6. Bon nombre de touristes – devoir attendre – quelques heures – avant de – transporter – à leurs destinations de vacances/imparfait et infinitif
7. Seule la moitié des vols internationaux – pouvoir assurer – le centre d'Aix/passé composé
8. La grève – pénaliser (benachteiligen) – plusieurs compagnies françaises; leurs vols – devoir – annuler/passé composé
9. La plupart des voyageurs – transporter – des avions gros porteurs/passé composé
10. Le président de l'Agence du tourisme de la Corse – adresser – un courrier – ministre des transports/passé composé
11. Dans cette lettre – il – faire appel à «l'autorité» du ministre – pour que – une solution – trouver – «dans les meilleurs délais»/passé composé et subjonctif!

(d'après un article dans *Le Monde*, 26 juillet 1994)

- Mit der **Nominalisierung** von Passivkonstruktionen können Sie Überschriften bilden. Diese Technik erweitert auch den Wortschatz und ermöglicht stilistische Variationen.

Passivkonstruktion:	Les combats ont été **intensifiés** par les deux côtés.
Nominalisierung:	**Intensification** des combats par les deux côtés.

4 C'est vous, le rédacteur en chef!
Rédigez à partir des constructions passives les titres de journal; utilisez – si nécessaire – votre dictionnaire. Attention: les sujets des phrases seront changés en compléments de nom, les adverbes en adjectifs.

1. En Gambie, le pouvoir a été pris par des jeunes officiers.
2. Les pourparlers (Gespräche) pour un cessez-le-feu ont été bloqués.
3. L'ancien président a été réélu.
4. Une manifestation est violemment réprimée par les forces de l'ordre.
5. Les otages (Geiseln) seront libérés prochainement.
6. Les observateurs de l'ONU ont été augmentés.
7. Le procès de quatorze dissidents chinois vient d'être ouvert.
8. Les jeux et les retransmissions sportives seront-ils interrompus par de la publicité?

C Reflexivkonstruktionen mit passivischem Sinn

- Bei Konstruktionen ohne Nennung des Urhebers ist die Reflexivkonstruktion sehr verbreitet, insbesondere wenn **das Subjekt eine Sache** ist und wenn mit dem Satz eine Möglichkeit, etwas Offensichtliches oder eine Notwendigkeit ausgedrückt werden soll.

Ce livre est beaucoup vendu.	Passivkonstruktion
On vend beaucoup ce livre.	Unpersönliche Konstruktion mit *on*
Ce livre **se vend** beaucoup.	**Reflexivkonstruktion mit passivischem Sinn**

-

Il a demandé qu'on lui montre le chemin.	Il **s'est fait montrer** le chemin. (Er hat sich den Weg zeigen lassen.)
Elle a été écrasée par une moto.	Elle **s'est fait écraser** par une moto. (Sie hat sich vom Motorrad überfahren lassen.) **se faire** + ***infinitif***

Se faire* + *infinitif ist eine Reflexivkonstruktion, bei der **das Subjekt ein Lebewesen** ist, das einen Vorgang **veranlasst** oder **erduldet**.

5 Les traditions – cela se respecte.
Transformez les phrases suivantes en constructions réflexives.

1. En général, le fromage est accompagné de vin rouge.
2. Dans beaucoup de familles françaises, la dinde est mangée seulement à Noël.
3. Par contre, les huîtres peuvent être consommées toute l'année.
4. Dans un bon hôtel, on demande que la chambre soit montrée à l'avance.
5. Selon la coutume dans certains mariages à la campagne, la jeune mariée est enlevée.
6. Un père à sa fille: «Parler la bouche pleine – (cela) on ne le fait pas.»
7. Le vin blanc, on le boit frais.
8. Pour le baccalauréat, pas mal de parents offrent une voiture à leurs enfants.
9. Dans le courrier français, l'adresse du destinataire est écrite à droite de la page.
10. A la fin du concert, le soliste est généralement applaudi par le public et par l'orchestre.

Test

I Ce que l'on trouve dans le carnet d'un journaliste…
Rédigez des constructions passives à partir des éléments donnés; choisissez le verbe qui convient dans l'encadré, mais ne l'utilisez qu'une seule fois.

rendre célèbre	s'expliquer	provoquer
déclencher (auslösen)	augmenter	favoriser (begünstigen)

1. Des pluies torrentielles ⇒ la mort de deux personnes/passé composé
2. Le progrès technologique ⇒ le chômage dans la plupart des pays européens/futur
3. Le film «Hôtel du Nord» ⇒ l'actrice Arletty/plus-que-parfait
4. La politique agricole de l'Union Europénne ⇒ la colère des pêcheurs bretons/passé composé
5. Les voyages à l'étranger ⇒ l'apprentissage des langues/présent
6. Il était déjà très malade ⇒ l'absence d'esprit/présent; construction réflexive

Zwei Punkte pro Satz – ein Punkt Abzug pro Fehler.

12 points

II Un voyage de groupe – tout est à prévoir.
Traduisez les phrases suivantes; ajoutez la préposition demandée par le contexte ou par le verbe.

1. Unsere Abfahrt ist für 6 Uhr vorgesehen.
2. Ein Frühstück wird von unserer Organisation vorbereitet. (futur)
3. Der Bus ist mit Liegesitzen (sièges-couchettes) und mit einer Klimaanlage (une climatisation) ausgestattet. (pourvu)
4. Zu unserer Ankunft (A l'occasion de…) wird unsere Gruppe sogar vom Bürgermeister begrüßt (accueillir; futur).
5. Wir werden von einer Reiseleiterin begleitet. (futur)
6. Während der Stadtbesichtigung achten Sie auf Ihre Sachen – lassen Sie sich nicht Ihre Geldbörse stehlen.
7. Wenn sich die Gelegenheit bietet, lassen Sie sich von einer Familie einladen.
8. Sie werden über die Gastfreundschaft (l'hospitalité) des Landes erstaunt sein.
9. Vor der Abreise wird eine kleine Rede (discours, m.) von unserer Seite erwartet. (futur)

18 points

2 Die Relativpronomen
Les pronoms relatifs

A *qui, que, où, dont*
B *à qui, de qui, pour qui, avec qui, sans qui*
C *lequel.../duquel...* im Unterschied zu *qui, que* und *dont*
D Die beziehungslosen Formen: Präposition + *quoi*
E Die beziehungslosen Relativpronomen *ce qui, ce que, ce dont, ce à quoi, ce pour quoi*

A *qui, que, où, dont*

Relativpronomen haben eine doppelte Funktion: Sie verbinden einen Hauptsatz und einen Nebensatz miteinander, und sie ersetzen im Nebensatz das Nomen oder das Pronomen des Hauptsatzes, auf welches sie sich beziehen (das sogenannte Bezugswort = *l'antécédent*).

Die **einfachen Relativpronomen** *qui, que* und *dont* sind unveränderlich: Sie gelten für männliche und weibliche Substantive in Singular und Plural. Sie beziehen sich sowohl auf Personen als auch auf Sachen. Auch das adverbiale Relativpronomen ***où*** ist unveränderlich.

Den Satz, der durch ein Relativpronomen eingeführt wird, nennt man **Relativsatz**.
Die Form des Relativpronomens hängt von seiner Funktion im Relativsatz ab.

Bekannt sind sicherlich folgende Formen des Relativpronomens (vgl. «Besser in Französisch. Grammatik 8. Schuljahr», Kapitel 11). Zur Erinnerung werden sie hier noch einmal aufgeführt.

Form des Relativpronomens	Funktion im Relativsatz	Beispiele
qui	Subjekt	C'est bien l'*acteur* **qui** a joué dans Trombinator? C'est bien *lui* **qui** a joué dans Trombinator? C'est une belle *plage* **qui** est à la mode.
que	Objekt	Ces *personnes* **qu'**il a vues n'étaient pas ses parents. Le *film* **que** tu m'as conseillé est vraiment nul!
où	Ortsangabe Zeitangabe	Montre-moi *la maison* **où** tu as grandi. C'est *le jour* **où** il est venu.

- Etwas komplizierter verhält es sich mit ***dont***. Das Relativpronomen ***dont*** vertritt eine Ergänzung mit ***de***.

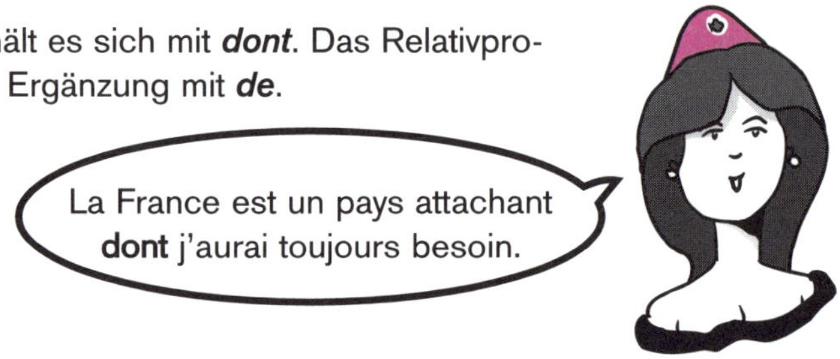

Nehmen wir diesen Satz und lösen wir ihn in seine Bestandteile auf, so ergibt dies:
La France est un *pays* attachant. J'aurai toujours besoin **de ce pays**.
oder: La France est un *pays* attachant. J'**en** aurai toujours besoin.

[Simon est un excellent *élève*. Nous ne nous sommes jamais plaints **de Simon/de lui**.] (se plaindre **de** qn/qc)
Simon est un excellent *élève* **dont** nous ne nous sommes jamais plaints.

In der folgenden Tabelle wird deutlich, in welcher Funktion diese Ergänzungen im Satz stehen können.

Form des Relativpronomens	Funktion im Nebensatz	Beispiele
	indirektes Objekt, Verbergänzung mit *de*	C'est bien ce *livre*. J'ai besoin **de ce livre.**/J'**en** ai besoin. C'est bien ce *livre* **dont** j'ai besoin.
dont	Adjektivergänzung mit *de*	C'est un beau *résultat*. Je suis fier **de ce résultat.**/J'**en** suis fier. C'est un beau *résultat* **dont** je suis très fier.
	Substantivergänzung mit *de*	Tu devrais lire cet *auteur*. Tout le monde connaît les romans à succès **de cet auteur**. Tu devrais lire cet *auteur* **dont** tout le monde connaît les romans à succès.

Wird *dont* als Substantivergänzung gebraucht, müssen Sie im Vergleich zum Deutschen auf zwei Unterschiede achten:

1. Im Deutschen übernimmt das Relativpronomen „dessen/deren" auch die Funktion des Substantivbegleiters. Im Französischen steht vor dem Subjekt oder direkten Objekt des Relativsatzes **der bestimmte Artikel** (nie ein Possessiv- oder Demonstrativbegleiter).

...,	deren	Eltern...
	dont **les**	parents...

...,	dessen	Erfolgsromane...
	dont **les**	romans à succès...

2. Auf *dont* folgt die gewohnte Wortstellung des Aussagesatzes:

dont + Subjekt + Prädikat + direktes Objekt

Das ist die Person,	**deren** Sohn einen Unfall hatte.
C'est bien la personne	**dont le** fils a eu un accident.
	(**Relativpr.** + **Artikel** + Subjekt + Prädikat + Obj.)
Das ist der Koffer,	**dessen** Schlüssel ich suche.
C'est la valise	**dont** je cherche **la** clé.
	(**Relativpr.** + Subjekt + Präd. + **Artikel** + Objekt)

1 Reliez les phrases suivantes par **dont**.

1. Je suis allé voir un *film*: J'ai oublié le titre exact **de ce film**.
   Je suis allé voir un film dont j'ai oublié le titre.
2. C'est une bonne *voiture*. Je suis content **de cette voiture**.
3. J'ai acheté un *micro-ordinateur*. Le prix **de cet ordinateur** était très raisonnable.
4. Il y a des *soldes intéressantes* en ce moment. Il faudrait **en** profiter.
5. Ils ont un *fils brillant*. Ils sont fiers **de lui**.
6. Ne passez pas sous ces *maisons*. **Leurs** balcons peuvent s'écrouler.
7. Aller à la Guadeloupe est un de mes *projets*. Je rêve **de ce projet** depuis longtemps.
8. C'est un beau *voyage*. Je m'**en** souviendrai toujours.
9. C'est une *drôle d'information*. Vous **en** êtes vraiment sûr?

Bis jetzt war es recht einfach. In der folgenden Übung werden alle Formen der Relativpronomen gemischt.

2 Une journée d'enfer au commissariat du XXème arrondissement.
Qui, que, dont, où? Complétez avec le pronom qui convient.

Juste au moment _____[1] l'inspecteur Lenormand allait quitter le bureau, le téléphone a sonné. C'était toujours un mauvais signe _____[2] il appréhendait (appréhender qc = etw. befürchten). C'était un appel _____[3] venait d'une cabine derrière une discothèque _____[4] la réputation était particulièrement mauvaise. Un coin _____[5] le jeune inspecteur stagiaire n'aimait pas du tout

et _____[6] il y avait beaucoup de bagarres (Schlägereien) entre les différentes communautés raciales. On entendait des gémissements _____[7] venaient du coffre d'une voiture garée sur le parking de la discothèque, disait l'interlocuteur (Gesprächspartner) au téléphone. L'inspecteur lui a demandé de se présenter par son nom. Celui-ci a refusé sous prétexte que (unter dem Vorwand, daß) les flics cherchaient toujours des histoires aux gens. D'ailleurs, c'était la seule chose _____[8] ils étaient capables, a-t-il ajouté. Lenormand pensait qu'il était en train de perdre son temps bêtement à discuter avec un individu alors que tant de choses l'attendaient: passer chez cette vieille dame _____[9] avait des problèmes avec les jeunes _____[10] faisaient du rodéo à moto autour de chez elle après la disco, vérifier si les nouveaux graffitis sur le mur du lycée correspondaient à ceux _____[11] il avait photographiés il y a deux mois à la gare, contrôler les emplois du temps des jeunes _____[12] il soupçonnait de pratiquer cet «art», aller dans les M.J.C. parler aux éducateurs _____[13] travaillent avec les jeunes _____[14] personne ne s'occupe dans cette banlieue.

B *à qui, de qui, pour qui, avec qui, sans qui*

Wie das Fragepronomen kann das Relativpronomen *qui* mit fast allen **Präpositionen** kombiniert werden.

[Voilà la *famille française*. J'ai habité **chez cette famille** pendant l'échange.]
Voilà la *famille française* **chez qui** j'ai habité pendant l'échange.

[Tu parlais **de cette personne** hier?]
C'est la *personne* **de qui** tu parlais hier?
dont tu parlais hier?

[C'est un *ami*... et **sans cet ami/sans lui** je n'aurais pas pu...]
C'est un *ami* que j'aime beaucoup et **sans qui** je n'aurais pas pu traverser cette période aussi douloureuse.

Allerdings gilt das nur, wenn das Bezugswort eine **Person** oder mehrere Personen bezeichnet. Ist das Bezugswort ein Sachsubstantiv, so müssen Sie ein anderes Relativpronomen verwenden. (Vergleichen Sie Abschnitt C.)

3 Reliez les phrases suivantes par un pronom relatif. Cherchez d'abord la préposition qui commande le relatif.

1. Tu me donneras l'adresse de ton *coiffeur*. Tu es allée **chez lui** pour ta dernière coupe.

   Tu me donneras l'adresse de ton coiffeur chez qui tu es allée pour ta dernière coupe.

2. Le samedi, elle allait chez ses *parents*. Elle restait dîner **avec eux**.
3. Je te présenterai notre nouveau *collègue*. J'ai beaucoup d'estime **pour lui**.
4. Mauricette est une de mes *amies d'internat*. Je pense souvent **à cette amie**.
5. C'est un *voisin*. Nous avons pu avoir notre appartement **grâce à lui**.
6. Tu te souviens de ce *garçon*? Nous étions toutes amoureuses **de lui** autrefois.
7. C'était un bon *directeur*. Nous travaillions avec beaucoup d'enthousiasme **pour lui**.
8. Serge est un très bon *copain*. **Sans lui** je n'aurais jamais pu apprendre à faire de l'ordinateur.

C *lequel…/duquel…* im Unterschied zu *qui, que* und *dont*

Ce café, **pour lequel** la télévision fait tant de publicité, vient de Colombie.
L'affaire, **à laquelle** tu fais allusion (= anspielen), remonte à cinq ans.

Das zusammengesetzte Relativpronomen *lequel* (entspricht etwa dem deutschen „welcher, welche…") hat die gleichen Formen wie das Interrogativpronomen *lequel*. Es verändert sich in Geschlecht und Zahl entsprechend seinem Bezugswort.
Im Relativsatz kann *lequel* im Prinzip Subjekt, direktes Objekt oder indirektes Objekt sein. In der Praxis tritt es fast nur **in Verbindung mit einer Präposition** auf.

Genus	Numerus	Subjekt oder direktes Objekt	indirektes Objekt
Maskulinum	Singular	lequel	auquel duquel
	Plural	lesquels	auxquels desquels
Femininum	Singular	laquelle	à laquelle de laquelle
	Plural	lesquelles	auxquelles desquelles

Sie sehen: Als direktes Objekt hat das Relativpronomen *lequel* die gleichen Formen wie das Subjekt. Im Zusammenhang mit den Präpositionen *à* und *de* werden die Formen des Pronomens zu *auquel, auxquels, auxquelles* und *duquel, desquels, desquelles* zusammengezogen.

Le cas **auquel** tu fais allusion est rare.
Le garçon **à côté duquel** j'étais assis a mangé pendant tout le film.

Selbstverständlich kann *lequel* auch mit anderen Präpositionen kombiniert werden.

C'est la salle **dans laquelle** nous nous entraînons.
Montre-moi l'usine **pour laquelle** tu as travaillé.

Zum Gebrauch: Wann wird *lequel* eingesetzt und wann *qui*?

1. Grundsätzlich haben Sie **die Wahl** zwischen *qui* bzw. *que* und *lequel...*, **wenn** das Relativpronomen Subjekt oder direktes Objekt ist (auf Personen oder Sachen bezogen).
   Da jedoch *lequel...* als schwerfällig gilt, wird es in diesen Fällen vermieden (es sei denn, das Verständnis des Zusammenhangs erfordert die Unterscheidung zwischen Maskulinum [lequel] und Femininum [laquelle]).

Il est passé, accompagné de deux hommes et de deux femmes, **lesquelles** venaient sans doute d'Asie.

Vergleichen Sie mit:

...de deux hommes et de deux femmes **qui** venaient d'Asie. (*qui* kann sich auf *femmes* oder auf *hommes et femmes* beziehen. Nur *lesquelles* gibt eine genaue Auskunft über das Bezugswort.)

2. Im Zusammenhang mit einer Präposition muss *lequel* anstelle von *qui* gesetzt werden, wenn das Bezugswort ein **Sachsubstantiv** bezeichnet.

[C'est mon sport préféré. Je ne peux plus vivre **sans ce sport**.]
C'est un sport **sans lequel** je ne peux plus vivre.
[C'est un moment important de ma vie. Je pense souvent **à ce moment**.]
C'est un moment de ma vie **auquel** je pense souvent.

3. Nach den Präpositionen *parmi* und *entre* muss immer *lequel* stehen, auch wenn das Bezugswort eine Person darstellt.

Les touristes, **parmi lesquels** il se tenait, venaient tous du Japon.

Verdeutlichen wir diese Fälle mit einer Tabelle:

Präposition bzw. Präpositionalgruppe	Das Bezugswort bezeichnet eine **Person**.	Das Bezugswort bezeichnet eine **Person** oder eine **Sache**.
Verb + *de* Adjektiv + *de*	de qui/dont	duquel, de laquelle, desquels, desquelles
Verb + *à* Adjektiv + *à*	à qui	auquel, à laquelle, auxquels, auxquelles
pour	pour qui	pour lequel, pour laquelle…
sans	sans qui	sans lequel…
avec	avec qui	avec lequel…
grâce à	grâce à qui	grâce auquel…
parmi/entre	– (nie mit *qui* !)	parmi lequel…/entre laquelle…

Viele Präpositionen werden mit *de* oder *à* zusammengesetzt. Es lohnt sich, sie zu wiederholen, denn sie können durchaus in Verbindung mit einem Relativpronomen stehen. In Beschreibungen treten sie verhältnismäßig oft auf.

loin de	au milieu de
à droite de	près de, à côté de
au-dessus de	à gauche de
avec l'aide de	au-dessous de
grâce à (= dank)	sans l'aide de
en face de	

Tu verras le théâtre **à la droite duquel** se trouve le «Bar des artistes»?

4 Qui, à qui, lequel…, auquel…, duquel…, dont?
Reliez les phrases suivantes par un pronom relatif. Utilisez «lequel» uniquement (= nur) pour un antécédent (= Bezugswort) qui n'est pas une personne.

1. Cette association a organisé un *concours*. Les bénéfices de ce concert iront à la recherche contre le SIDA (= Aids).
2. C'est une ville au *climat* extrême. Je ne suis pas faite pour un tel climat.
3. Nous y sommes restés trois *semaines*. Pendant ces trois semaines, nous avons eu un temps magnifique.
4. Après avoir marché des heures, elle a vu un *abri de bus*. Elle est restée dans cet abri jusqu'à la fin de pluie.
5. C'est un *écrivain* très aimable. J'ai travaillé pour lui il y a un certain temps.
6. Elle a mis trois *bagues* sur la table. Parmi ces bagues, je devais choisir celle qui me plaisait le plus.

7. Ils nous ont invités à une *soirée*. Au cours de (im Verlauf von) cette soirée, on nous a présenté un futur associé.
8. C'est un *stage* intéressant. Tu en profiterais sûrement beaucoup.
9. Je préfère aller chez mon *médecin*. J'ai grande confiance en lui.

5 Conseil de discipline.
Au lycée, un élève, Jacques Chaprot, passe en conseil de discipline pour avoir fait des graffitis sur les murs de l'établissement. L'éducateur de la M.J.C. est présent, ainsi que les parents, les représentants des élèves et des parents et bien sûr les professeurs et le proviseur qui ne voient pas du tout les choses de la même façon que les jeunes.
Complétez avec le pronom relatif qui convient.

Le proviseur: Monsieur Chaprot, vous reconnaissez bien être l'auteur des graffitis ____________[1] dégradent le mur extérieur de l'école?

Chaprot: C'est à dire que… certains, oui, …mais pas tous. Seulement ceux ____________[2] l'on voit sur le mur du gymnase.

Le proviseur: Seulement! C'est votre interprétation! Vous avez sûrement dû lire le règlement intérieur ____________[3] nous vous avons remis en début d'année scolaire. Le point sur ____________[4] j'aimerais attirer votre attention, ainsi que celle de vos parents, porte sur le paragraphe deux ____________[5] règle les dégradations de l'établissement ainsi que la responsabilité des jeunes et de leurs parents.

L'éducateur: Peut-être pourrions-nous demander à Jacques quels sont les motifs ____________[6] l'ont poussé à se livrer à son passe-temps favori dans cet établissement?

Un prof: Vous appelez cela un passe-temps alors que l'entreprise à ____________[7] nous avons demandé un devis (Kostenvoranschlag) pour réparer les dégradations, parle de 25 000 FF!

Un parent: L'entreprise ____________[8] vous parlez est connue pour être la plus chère de la ville. On pourrait peut-être demander à une entreprise moins chère.

Le proviseur: C'est peut-être vous ____________[9] allez m'indiquer celle ____________[10] je dois prendre pour réparer les dégâts des élèves, vos enfants.

Le délégué: Je vous en prie. Monsieur Trémoleau voulait seulement dire que l'entreprise à ____________[11] nous pensions était moins chère…

Un élève: Et si l'établissement mettait le mur sur ____________[12] il y a les tags de Jacques à la disposition des cours d'arts plastiques. Je suis sûr que notre prof nous aiderait à faire des fresques murales ____________[13] toute la rue pourrait profiter?

Le proviseur: Vous n'allez pas me faire croire que ces gribouillages (Gekrakel) sont des œuvres d'art. Non, non, non… Par principe, je demande une punition sinon tout le lycée sera recouvert de ces… comment dites-vous? C'est un acte de vandalisme ____________[14] demande une punition exemplaire!

Chaprot: Mais, ces tags ____________[15] vous parlez, ne sont pas seulement les miens… Je veux bien casquer (blechen), mais uniquement pour ceux ____________[16] j'ai faits!

Un prof: Chaprot! Le ton sur ____________[17] vous parlez est intolérable!

Wann wird nun *duquel…* eingesetzt und wann *dont* oder *de qui*?

Sie haben bereits in Abschnitt B gesehen, dass *de qui* für *dont* stehen kann, wenn das Bezugswort eine Person ist.

La personne **dont** tu parlais hier n'habite plus ici.
de qui tu parles n'habite plus ici.

Auch *duquel, de laquelle, desquels, desquelles* lassen sich für eine Person verwenden, werden aber (wie *auquel*) nach Möglichkeit vermieden.

C'est la personne **de laquelle** tu parlais hier?

Was unterscheidet nun diese drei Relativpronomen voneinander? Sind sie immer austauschbar? Nicht ganz. Betrachten Sie die folgenden Beispielsätze.

Das Relativpronomen vertritt eine

- **Verbergänzung mit *de* oder Adjektivergänzung mit *de*:**

Voilà leur fils aîné	**de qui**	ils sont fiers.	Alle drei Relativpronomen sind einsetzbar. Das Bezugswort ist eine Person.
	dont	ils sont fiers.	
	duquel	ils sont fiers.	

L'affaire **dont**	je parle est assez vieille.	Nur *dont* oder *duquel*… sind einsetzbar, da das Bezugswort ein Sachsubstantiv ist.
de laquelle	je parle est assez vieille.	

- **Substantivergänzung mit *de*:**

	[C'est un ministre	(incapable). Tout le monde connaît les scandales **de ce ministre.**]
	C'est un ministre	**dont** tout le monde connaît les scandales.
seltener:	C'est un ministre	**de qui** tout le monde connaît les scandales.
	C'est une ville	**dont** je connais tous les monuments.

Zusammenfassend lässt sich feststellen, dass *dont* immer richtig und stilistisch vorzuziehen ist.

Jetzt schauen wir uns die Fälle an, in denen ***dont*** **nie möglich** ist.

- **Substantivergänzung mit *de* nach einer präpositionalen Ergänzung: nie *dont***

Les coureurs français sont toujours en tête. Toute la France est fière **des victoires de ces coureurs.**
Les coureurs français, **des victoires desquels** (seltener: **de qui**) toute la France est fière, sont toujours en tête.
Aber:
Après son immense succès avec son film sur les dinosaures, ce cinéaste vient de refaire un film. On s'attend **au succès de ce film.**
Après son immense succès avec son film sur les dinosaures, ce cinéaste vient de refaire un film **au succès duquel** on s'attend.
Hier ist *de qui* nicht möglich, weil das Bezugswort eine Sache *(film)* darstellt.

- **Auch nach Präpositionen, die mit *de* oder *à* zusammengesetzt sind, können Sie *dont* nicht verwenden.**

> [Mon camarade me dérange toujours. Je suis assis à côté **de lui.**]
> Mon camarade à côté **duquel /de qui** je suis assis me dérange toujours.
>
> [Il y a souvent du bruit dans ce café. J'habite au-dessus **de ce café.**]
> Il y a souvent du bruit dans ce café au-dessus **duquel** j'habite.
>
> Nous te remercions de ton aide grâce **à laquelle** nous avons pu terminer à temps.

6 Un concert solidarité contre le SIDA (Aids).
Un élève du Lycée Galilée fait un reportage en direct d'un concert organisé par le centre culturel de sa ville.
Complétez par le pronom relatif qui convient.

De nombreux artistes, parmi ____________[1] j'ai pu reconnaître Nagui, Khaled, Patricia Kaas et Patrice Bruel, sont présents. C'est le petit groupe de Porte 53 ____________[2] on a beaucoup parlé au TOP 50 ces dernières semaines, ____________[3] ouvre le concert avec un titre prédestiné «Virus de l'amour».
Il me semble que la personne à côté ____________[4] Patricia Kaas est assise, est Charles Aznavour. Après les applaudissements pour Porte 53, Nagui remercie à l'avance tous les participants qui s'occupent de la partie technique, sans le travail ____________[5] cette émission ne serait pas possible. Il rappelle que cette soirée au cours ____________[6] des hommes politiques, mais aussi des chercheurs viendront prendre la parole, est retransmise en directe. Tous les artistes de ce soir préparent un CD ____________[7] la vente ira à la recherche contre cette terrible maladie.
Mais des bancs à gauche de la scène, en face ____________[8] sont placés les hommes politiques, on entend des cris et des insultes. Que se passe-t-il? Une jeune fille tout en noir, suivie de dix jeunes en noir aussi, monte sur la scène, au milieu ____________[9] se tient Nagui, tout désemparé (ratlos). Ils accusent violemment la politique à cause ____________[10] les toxicomanes sont condamnés à prendre des seringues infectées (verseuchte Spritzen).
Que va devenir cette soirée qui a si bien commencé? Le service d'ordre envahit la scène et coupe les lumières. On... (Le son est coupé.)

D Die beziehungslosen Formen: Präposition + *quoi*

quoi ist die neutrale Form des Relativpronomens, die immer nach einer Präposition steht. Sein Bezugselement, immer leblos, kann ein ganzer Satz, ein neutrales oder ein indefinites Pronomen, seltener ein Nomen sein.

Je ne sais pas **de quoi** il vit. (vivre de qc)
Tu peux me dire **à quoi** il joue. (jouer à qc)
Il n'y a rien **de quoi** j'aie à rougir. (rougir de qc)
C'est le plan **à quoi** tu as travaillé si longtemps? (travailler à qc)

Il a mis son manteau, **après quoi** (wonach) il est parti.
Je me suis plainte, **sur quoi** (worauf) il m'a renvoyée.
Promis, tu m'appelles, **sans quoi** (sonst) je serai faché.

E Die beziehungslosen Relativpronomen *ce qui, ce que, ce dont, ce à quoi, ce pour quoi*

Sie wissen bereits, dass in Relativsätzen, die kein nominales Bezugswort haben, die Pronomen *qui* und *que* durch das Demonstrativpronomen *ce* ergänzt werden müssen. *ce* fasst die Aussage des vorangehenden oder nachfolgenden Hauptsatzes zusammen und dient damit als Bezugselement. (Mehr dazu im Band «Besser in Französisch. Grammatik 9./10. Schuljahr», Kapitel 2 B.)

Traduis-moi **ce qui** est écrit ici.	ce qui: Subjekt
Dis-moi **ce que** tu as fait hier.	ce que: Objekt

Auch nach dem neutralen Pronomen *tout* muss *ce* eingefügt werden.

Tout **ce qui** brille n'est pas or.
Tout **ce que** vous dites l'énerve.

In entsprechenden Fällen muss ebenfalls vor *dont, à quoi* und *pour quoi* das Bezugselement *ce* gesetzt werden.

C'est bien **ce dont** il a parlé? Voilà tout **ce dont** vous avez besoin.
Je ne comprends toujours pas **ce à quoi** il fait allusion.

Am Anfang eines Satzes oder in unabhängigen Sätzen muss das beziehungslose Relativpronomen durch *ce* eingeführt werden.

Ce dont le président français a parlé à Berlin, c'est de l'avenir de l'Europe.

	Bezugselement	Funktion des Relativpr.
Ce dont je rêve, c'est faire le tour du monde. (rêver de qc)	ce (= faire le tour du monde)	indirektes Objekt mit *de*
Il devra bien nous montrer **ce dont** il est capable. (être capable de faire qc)	ce (= les choses qu'il devra faire)	Adjektivergänzung mit *de*
Ils sont venus sans nous prévenir, **ce à quoi** je ne m'attendais pas du tout. (s'attendre à qc)	ce (= le fait qu'ils sont venus sans nous prévenir)	indirektes Objekt mit *à*
Lutter contre la faim dans le monde, voilà **ce pour quoi** il a toujours travaillé. (travailler à qc)	ce (= lutter contre la faim dans le monde)	adverbiale Bestimmung des Zwecks *(pourquoi?)*

Nach Gliedsätzen, die eine indirekte Rede einführen (z. B. nach *dire, expliquer),* und nach einleitenden Verben wie *savoir, comprendre* ist *ce* vor Präposition + *quoi* nicht erforderlich.

Dis-moi **à quoi** tu penses. (*à quoi* = Fragepronomen)

(In der Schriftsprache und zur stärkeren Hervorhebung des direkten Objekts des einleitenden Verbs findet man auch: Dis-moi **ce à quoi** tu penses.)

7 Complétez les phrases suivantes avec **ce qui, ce que, ce dont, (ce) à quoi**.

La concierge Mme Saistout sait

1. tout ________________ se passe dans la maison,
2. tout ________________ ses locataires font,
3. ________________ elle parle quand elle parle des mauvaises manières de la jeunesse d'aujourd'hui.

4. ________________ lui plaît dans ce métier, c'est le contact avec les gens.
5. ________________ elle déteste, c'est faire l'escalier tous les deux jours.
6. Le soir, elle se fait un papier avec ________________ elle doit penser le lendemain, par exemple sortir les poubelles, faire le ménage de la cave.
7. Les locataires la connaissent aussi très bien et savent ________________ elle s'intéresse: les timbres. C'est pourquoi il en manque parfois sur les lettres.

Test

I Retrouvez les phrases.

1. C'est la personne
2. C'est la grande salle
3. Le lac /.../ est pollué.
4. Dis-nous
5. C'est le prof
6. Les jeunes /.../ ont tous pris le bus de seize heures.
7. Nous la connaissons mal. Nous ne savons pas
8. Je dois me rendre chez le dentiste
9. Ce jour-là, nous avons eu une dispute
10. As-tu trouvé

a) à laquelle je pense encore maintenant.
b) grâce à qui j'ai eu l'idée d'étudier.
c) ce que je déteste le plus au monde.
d) ce dont tu as besoin?
e) au fond de laquelle il y a un énorme buffet.
f) de quoi tu comptes vivre.
g) ce à quoi elle s'intéresse.
h) dont tu as parlé hier?
i) au bord duquel nous nous promenions
j) parmi lesquels Jean se trouvait

Exemple: *C'est la personne dont tu as parlé hier?*

1.	2.	3.	4.	5.	6.	7.	8.	9.	10.
h									

| 11 points

II Complétez avec le pronom relatif qui convient.

1. C'est une personne avec ________________ j'aime beaucoup discuter.
2. C'est un point sur ________________ il faudrait revenir.
3. Mets ton gros pull pour sortir, sans ________________ tu pourrais attraper froid.
4. Tu peux m'indiquer un hôtel pas trop cher ________________ nous pourrions passer deux jours.
5. La cour au milieu ________________ se dressait (stehen) une statue de Jeanne d'Arc, était entourée de fleurs.

6. C'est une amie d'enfance sur ________________ je pouvais compter en toute occasion, bref une personne en ________________ j'avais une grande confiance.
7. Le problème de la jeunesse est qu'elle ne sait plus en ________________ croire.
8. La solution à ________________ je pense est moins originale.
9. Il n'y a vraiment rien en ________________ je peux t'être utile?
10. C'est un film ________________ j'aimerais revoir.
11. Il devra expliquer grâce à ________________ il peut financer toutes ses dépenses.

| 11 points

III Conseil de discipline: renvoi ou non?
Professeurs et directeur commentent entre eux l'audition (Anhörung) de Chaprot.
Compléter avec le pronom relatif qui convient.

1. ________________ me dérange, c'est le sentiment qu'on punit pour faire un exemple.

2. Notre collègue stagiaire a raison. Je ne vois pas en ________________ le renvoi (Verweis) de Chaprot va résoudre le problème des tags dans notre établissement.
3. Je pense aussi que si les jeunes choisissent ce mode d'expression, c'est qu'ils n'ont pas d'autres moyens avec ________________ ils puissent s'exprimer.

4. Arrêtons de plaindre la jeunesse! Ils ont tout ________________ leur faut: autos, vidéos, disco!

5. Tout, cher collègue, sauf des règles de conduite claires d'après ________________ ils peuvent s'orienter dans une société civilisée.
6. Tout à fait! Avec les parents ________________ ils ont, le lycée est le seul endroit ________________ ils peuvent encore apprendre que tout comportement a des conséquences … et des limites.

7. En tant que spécialiste, permettez-moi de vous dire que les tags de Chaprot sont aussi beaux que ceux ________________ la ville a commandés pour décorer la salle des fêtes.

8. Et la proposition des élèves d'aider leur camarade est une chose intéressante __________________ nous devrions discuter avant de prononcer un renvoi.

9. Justement! Chaprot abuse (missbraucht) de la gentillesse de ceux __________________ le soutiennent (unterstützen).

10. Mais c'est une proposition à __________________ les élèves tiennent beaucoup!

11. Nous perdons notre temps en discussions sur un élément __________________ nous devrions nous séparer.

12. Un point sur __________________ je ne veux plus revenir, c'est la nécessité d'une punition exemplaire!
Mais si nous le renvoyons du lycée, il faudra lui trouver un établissement __________________ veut bien l'accueillir…

13. Erreur! Chaprot a plus de 18 ans. Il n'est plus obligé de suivre des cours. C'est un risque __________________ il aurait dû penser avant!

| 17 points

IV Traduire les phrases suivantes.

1. Das ist alles, was ich gekauft habe.
2. Die Frau, mit der du gesprochen hast, ist meine Nachbarin.
3. Das ist ein harter Schlag (coup dur), auf welchen er nicht gefasst war (s'attendre à qc).
4. Die Frau, deren Auto gestohlen wurde, wollte heute nach Paris fahren.
5. Das, worauf ich mich am meisten freue, sind die Winterferien.
6. Er will immer alles sofort haben, was mich immer nervt (énerver).
7. Sie gab mir eine unfreundliche Antwort, worauf ich dann gegangen bin.
8. Darf ich dir Manfred vorstellen, ohne dessen Hilfe ich meine Prüfung nicht bestanden hätte.

Zwei Punkte pro Satz – ein Punkt Abzug pro Fehler.

16 points

3 Der *subjonctif*
Le subjonctif

Wie die Formen des *subjonctif* gebildet werden, wissen Sie bereits (vgl. «Besser in Französisch. 9./10. Schuljahr», Kapitel 11). Zur Erinnerung: Der *subjonctif* im komplexen Satz (Hauptsatz + Gliedsatz mit *que*) drückt – anders als der deutsche Konjunktiv – eine bestimmte Haltung des Sprechers gegenüber dem im Satz formulierten Vorgang aus: Der Vorgang wird nicht als Tatsache beschrieben, sondern als **Wunsch, Notwendigkeit, Wertung** oder **Annahme** formuliert.

Depuis longtemps, on *sait* que le tabac **est** un danger.	⇒	Tatsache = **indicatif**
Je *regrette* que les Français ne **fassent** pas d'effort pour arrêter de fumer.	⇒	Wertung = **subjonctif**

Allerdings ist Ihnen die Wahlmöglichkeit zwischen *indicatif* und *subjonctif* nur in bestimmten Fällen überlassen, meistens wird der *subjonctif* **automatisch** ausgelöst.

Der *subjonctif* steht

A nach bestimmten Verben sowie unpersönlichen Ausdrücken,
B nach bestimmten Konjunktionen,
C in bestimmten Relativsätzen.

Ganz allgemein gilt für den Gliedsatz mit *que*, dass der einleitende Satz und der *que*-Satz in der Regel **verschiedene Subjekte** haben müssen. Ansonsten ist es stilistisch eleganter, eine Infinitivkonstruktion zu wählen.

Il est heureux qu'*il* obtienne le prix Nobel. ⇒ Il est heureux *d'obtenir le prix Nobel.*
Sa mère est heureuse qu'*il* **obtienne** le prix Nobel.

A Der *subjonctif* nach bestimmten Verben sowie unpersönlichen Ausdrücken

Automatisierter Gebrauch des *subjonctif* in Gliedsätzen mit *que*

- **Nach persönlichen Verben**

*** Wunsch und Verlangen**

Je préfère que tu m'**attendes** en bas.

attendre que
j'aimerais que
j'aimerais mieux que
avoir envie que
demander que
désirer que
exiger que
préférer que
réclamer que
souhaiter que
vouloir que

*** Erlauben und Verbieten**

Ma mère a autorisé que je **fasse** du vélo.

accorder que
autoriser que
concéder que
défendre que
interdire que
ordonner que
permettre que

*** positives und negatives Interesse**

Je tiens à ce que vous ne **fumiez** pas trop pendant la soirée.

attacher de l'importance à ce que
s'attendre à ce que
contribuer à ce que
habituer qn à ce que
tenir à ce que
veiller à ce que

*** Vorschlagen und Zustimmen**

Seriez-vous d'accord pour qu'on **fasse** un petit tour?

accepter que
approuver que
consentir que
être d'accord pour que
proposer que
recommander que
souffrir que (ertragen, dulden)
supporter que
tolérer que
vouloir bien que

*** Ablehnen und Verhindern**

Les Français ne supportent plus qu' il y **ait** autant de scandales de corruption.

désapprouver que (missbilligen)
empêcher que
éviter que
s'opposer à ce que
refuser que
ne pas/mal souffrir que
" supporter que (nicht/schlecht ertragen, dass)
" tolérer que

* subjektives Empfinden

Nous avons peur que vous ne **soyez** en retard.

admirer que
adorer que
aimer que (es gern haben, dass)
avoir honte que
avoir peur que... (ne)
désespérer que (daran verzweifeln, dass)
se féliciter que (sich dazu beglückwünschen, dass)
s'inquiéter que
redouter que... (ne)
se réjouir que

* wertende Stellungnahme

Je trouve bien que le film **soit** montré en version originale.

critiquer que
déplorer que
détester que
s'étonner que
s'indigner que
juger bon/nécessaire *etc.* que
mériter que
se moquer que
regretter que
trouver bien/mal/ennuyeux/sympathique/terrible *etc.* que

J'espère que vous **aurez** un voyage agréable. ⇒ espérer que + *indicatif*

- **Nach unpersönlichen Verben**

* Wunsch oder Wertung

Il est grand temps que tu **comprennes** la gravité de la situation.

il convient que (es ist angebracht/es gehört sich, dass)
il faut que
il faudrait que
il importe que (es ist wichtig, dass)
peu importe que (es ist unwichtig/es macht nichts, dass)
il suffit que
il vaut mieux que
il est (grand) temps que (es ist [höchste] Zeit, dass)

* mögliches Eintreten

Il se peut qu'ils **aient** oublié l'heure.

il arrive que (es kommt vor, dass)
comment se fait-il que...? (wie kommt es, dass)
il se peut que (es ist möglich, dass)
d'où vient que...?

• Nach einem persönlichen Subjekt + *être* + Adjektiv

∗ subjektives Empfinden oder wertende Stellungnahme

Je suis ravi que vous **acceptiez** mon invitation.

☺		☹	
je suis	charmé que	je suis	choqué que
	content que		désolé que (ich bin untröstlich, dass)
	enchanté que		dégoûté que (ich bin angewidert davon, dass)
	fier que		ennuyé que
	flatté que (ich bin geschmeichelt, dass)		fâché que
	heureux que		gêné que (es stört mich, dass)
	ravi que (ich bin entzückt, dass)		indigné que (ich bin entrüstet, dass)
	satisfait que		mécontent que
	surpris que		triste que

• Nach einem unpersönlichen Subjekt + subjektive oder wertende Formulierung

∗ nach *cela* + Verb mit Objekt

Cela m'inquiète qu'il n'**ait** pas téléphoné depuis trois jours.

☺

cela m'amuse que
cela m'arrange que
cela me plaît que
cela me rassure que

☹

cela me déplaît que
cela me gêne que (es stört mich/ist mir lästig, dass)
cela m'inquiète que

☝

cela me surprend que

∗ nach *il est/c'est* + Adjektiv

C'est sympathique qu'il **soit** venu avec un bouquet de fleurs.

☺

Il est/C'est agréable que
amusant que
bon que
excellent que
naturel que

☹

bête que
faux que
honteux que

☝

important que
surprenant que

∗ nach *c'est* + Nominalgruppe

C'est un fait sensationnel que les Français **aient** gagné autant de médailles.

☺

c'est une chance que

☹

c'est/il est dommage que
c'est une honte que
c'est un malheur que

☝

c'est une chose curieuse, ennuyeuse… que
c'est un fait remarquable, sensationnel… que

* ebenso nach: *quel* + Substantiv + *que*
Quelle chance que tu **aies** remporté la victoire!

sowie nach: *dommage* + *que*
Dommage qu'elle **dorme** déjà!

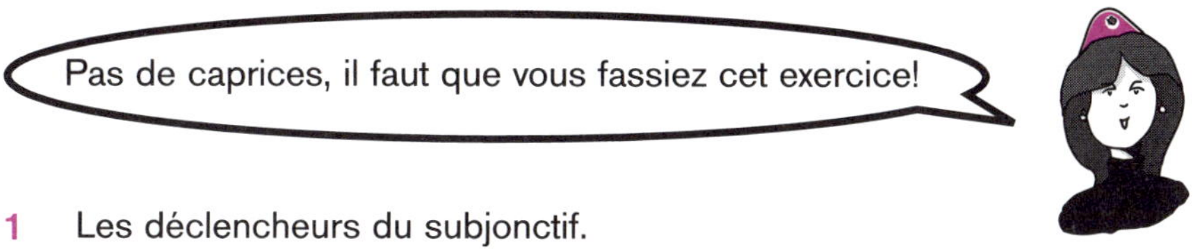

1 Les déclencheurs du subjonctif.
Ordnen Sie die nachfolgenden Verben und Ausdrücke in das richtige Fach ein.
Achtung, drei Verben bzw. Ausdrücke sind nicht unterzubringen!

il vaut mieux que, attendre que, cela m'inquiète que, savoir que, refuser que, nous trouvons bizarre que, avoir envie que, craindre que, c'est dommage que, cela me surprend que, proposer que, il est important que, c'est une chance que, peu importe que, cela me déplaît que, permettre que, admirer que, espérer que, c'est une honte que, trouver… que, c'est normal que, il suffit que, accepter que, regretter que, défendre que

a) *cela* + Verb mit Objekt – subjektive Empfindung oder wertende Stellungnahme

____

____

____

b) unpersönliche Verben – Wunsch oder Wertung

____

____

____

c) persönliche Verben – Vorschlagen, Zustimmen oder Ablehnen, Verhindern

____

____

____

d) *il est/c'est* + Adjektiv – subjektive Empfindung oder wertende Stellungnahme

____

____

____

e) persönliche Verben – subjektive Empfindung oder wertende Stellungnahme

____

____

____

f) persönliche Verben – Wunsch, Verlangen oder Erlauben, Verbieten

____

____

____

____

g) *c'est* + Nominalgruppe – subjektive Empfindung oder wertende Stellungnahme

____

____

____

h) ______________________

____

____

____

____

Bevor Sie sich der nächsten Übung zuwenden, sollten Sie noch einmal kurz die wichtigsten Formen des *subjonctif* wiederholen oder in einer Grammatik oder auch in «Besser in Französisch. Grammatik 9./10. Schuljahr» nachschlagen.

2 La campagne anti-tabac dans la salle des professeurs…?
Mettez les verbes entre parenthèses au subjonctif et trouvez – selon le contexte – le début de la phrase qui déclenche le subjonctif.

~~c'est une honte~~		cela m'étonne
	je suis tout à fait d'accord pour	
et moi, je ne tolère plus	il est grand temps	
	je m'attendais bien à	il vaut mieux
comment se fait-il	je trouve malheureux	je crains

______________________ qu'on ______________[1] (interdire) aux professeurs de fumer pendant les récréations.

______________________ que nous ______________[2] (s'occuper) de nos élèves qui sont souvent exposés à d'autres dangers: par exemple les drogues dures.

C'est une honte que vous ______________________[3] (ne pas se rendre compte) du mauvais exemple que vous donnez aux jeunes.

______________________ que vous ______________[4] (avoir) l'audace (die Frechheit besitzen) de juger de ma vie privée.

______________________ que vous ________________[5]

(voir) ces choses-là d'une autre manière, avant qu'il soit trop tard.

______________________ que vous ne ______________[6]

(respecter) pas ma liberté.

D'ailleurs, ______________________ que mon père, un grand

fumeur, ______________[7] (avoir vécu) jusqu'à l'âge

de 88 ans?

______________________, cher collègue,

que vous (ne) ______________[8] (prendre)

une exception pour la règle.

______________________ ce que vous ________________[9]

(dire) des bêtises pareilles!

______________________ que vous

______________[10] (fumer) dans ma

présence. Je n'en peux plus!

Nicht automatisierter Gebrauch des *subjonctif* in Gliedsätzen mit *que*

Grundsätzlich ist festzuhalten, dass nach
* den Verben und Ausdrücken des Denkens und Meinens,
* den Verben des Sagens und Erklärens sowie
* den unpersönlichen Ausdrücken der Gewissheit

der ***indicatif*** im *que*-Satz folgt.

Je crois
pense
prétends
suis d'avis
Il est évident
} que ton copain ne **comprend** pas ton problème.

⇓

Es handelt sich hier um keine Wertung, sondern um eine Feststellung, die für die Sprechende nicht in Frage steht. daher ⇒ ***indicatif***

Sobald der Einleitungssatz jedoch die gesamte Aussage nuanciert (z. B. verneint oder in Frage stellt), müssen Sie entscheiden, ob der *indicatif* oder der *subjonctif* gesetzt wird.

		Einleitungssatz	
Je ne crois pas	que ton copain te **comprenne**	⇒ **verneinend**	meistens *subjonctif*
Crois-tu	que son copain la **comprendra**? que son copain la **comprenne**?	⇒ **fragend**	*indicatif/* *subjonctif*
Si tu crois	que son copain la **comprendra**, que son copain la **comprenne**, tu as tort.	⇒ **bedingend**	*indicatif/* *subjonctif*

Wird im *que*-Satz jedoch die **Tatsache** in den Vordergrund gestellt, so wird auch nach einem verneinten Einleitungssatz der *indicatif* benutzt.

Je ne veux pas croire que votre mari **a** passé la cinquantaine, il paraît si jeune.

Wie im ersten Abschnitt dieses Kapitels erhalten Sie auch hier eine Aufstellung der Verben zum Nachschlagen, Wiederholen und Üben.
Bei folgenden Verben und Ausdrücken entscheidet der **sprachliche Kontext** über den Gebrauch von *indicatif* oder *subjonctif*:

* Verben und Ausdrücke des Denkens und Meinens

avoir l'impression que
croire que
espérer que
estimer que
être d'avis que
être convaincu/persuadé que
être certain/sûr que
imaginer que
juger que
présumer que
se figurer que
s'imaginer que
se rappeler que
se souvenir que
trouver que

Bei *admettre, supposer* und *comprendre* kommt es auf die Bedeutung an: Der *subjonctif* wird dann gewählt,

- wenn sich der Sprecher des im *que*-Satz geäußerten Sachverhalts nicht ganz sicher ist.
  Admettons qu'il **réussisse** au bac. = Nehmen wir an,...
  (Es könnte auch sein, dass er es nicht schafft...)
- wenn das Subjekt des Satzes eine Sache ist.
  Le règlement suppose que chacun **s'inscrive**.
- wenn comprendre im Sinne von „Verständnis haben" gebraucht wird.
  On comprend très bien qu'ils ne **sachent** pas vraiment prédire le temps.

In allen anderen Fällen wird der *indicatif* vorgezogen.
Je suppose qu'ils **ont** raté le train.
(Aus der Sicht des Sprechers entspricht die Annahme fast einer Tatsache.)

Unabhängig vom sprachlichen Kontext steht der ***indicatif* immer nach**:
savoir que, ignorer que, se rendre compte que, s'apercevoir que, réaliser que

Mes parents ne se rendent pas compte que j'**ai** grandi.

*** Verben des Sagens und Erklärens**

affirmer que assurer que constater que déclarer que dire que écrire que jurer que reconnaître que	prétendre que soutenir que	Bei dieser Verbgruppe ist folgender Unterschied zu beachten: – Leiten sie die **indirekte Rede** ein, folgt im *que*-Satz der *indicatif* (was am häufigsten der Fall ist). Non, tu confonds, je n'ai pas dit que ma mère **viendra**. – Werden sie im Sinne des **Meinens und Denkens** gebraucht, folgt im *que*-Satz in der Regel der *subjonctif*. Je ne dis pas que cette maladie **soit** mortelle. (Es ist nicht meine Meinung…) – Nur mit *indicatif*: promettre que

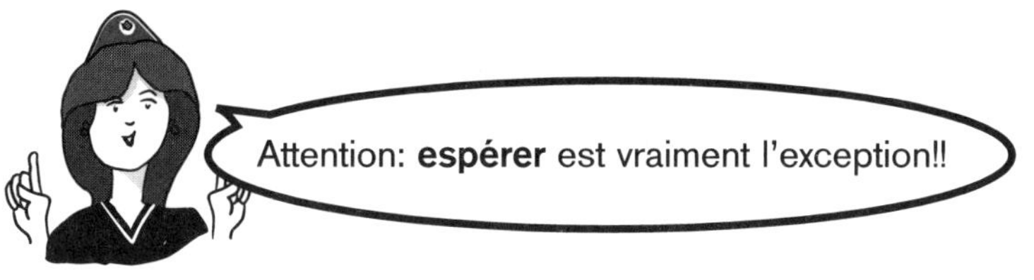

J'espère que vous **aurez** un voyage agréable. ⇒ espérer que + **indicatif**
aber: Espérons qu'il **vienne.** (im Sinne von: Wenn er doch käme!)

*** Unpersönliche Ausdrücke der Gewissheit**

il est	certain/sûr que évident exact vrai probable	in **bejahter Form:** immer *indicatif!*
il il me il il me	semble que semble que paraît que paraît que	in **verneinter, fragender oder durch *peu* eingeschränkter Form:** meistens *subjonctif!*

Il est certain que la pollution **peut** être un danger pour la santé.
Il n'est pas sûr que cette forme du cancer **vienne** de la pollution.

*** Verben und Ausdrücke des Bezweifelns**

douter que contester que nier que il est douteux que	+ *subjonctif*	ne pas douter que ne pas contester que ne pas nier que il n'est pas douteux que il n'y a pas de doute que	+ *indicatif* insb. wenn die Zeit oder die Tatsache hervorgehoben werden soll
Tu doutes que je **sois** déjà rentrée à minuit.		Mais non, je ne conteste pas, que tu **es** rentrée à cette heure-là, puisque je t'ai entendue.	

Ganz allgemein lässt sich als Faustregel festhalten, dass der ***subjonctif*** immer dann benutzt wird, wenn aus der Sicht der Sprechenden der darzustellende Sachverhalt als **unbestimmt, fraglich oder verneint** angesehen wird.

Der *subjonctif* in vorangestellten Gliedsätzen mit *que*

Bei Satzkonstruktionen, in denen der *que*-Satz dem einleitenden Satz vorausgeht, steht das Verb des *que*-Satzes **immer** im *subjonctif*.

Il est certain	⇙ qu'il fera beau.
Qu'il **fasse** beau,	c'est certain.

L'indicatif? Le subjonctif?

3 Qui parle?
Reliez (verbinden Sie) les phrases suivantes de manière à obtenir une phrase complexe (il est parfois nécessaire de les transformer un peu, p. ex.: ce ⇒ il). Ensuite attribuez-les à la personne qui parle.

1. Il pourra traverser l'Atlantique avec son bateau à voiles; je n'en doute pas.
2. Mais le fera-t-il seul? Je n'en suis pas sûr.

3. Elle a été à l'hôpital; cependant, nous ne le savions pas.

4. Ce footballeur partira pour un autre club! Même si les journaux l'affirment, je ne suis de cet avis.

5. Le lycée prend conscience d'un autre style d'enseignement; c'est indiscutable.
6. Mais ce changement résoudra-t-il le gros problème de la violence? C'est peu probable.

7. Je m'en vais! Mes parents l'ignorent.

8. Tu t'en vas?… Non, je ne le pense pas.

9. La privatisation des entreprises répond aux exigences du marché international. Mais les syndicats le contestent.
10. Il n'y a pas d'autres solutions en ce moment; je l'admets.
11. Mais est-ce vraiment la seule mesure? Je ne le prétends pas.

B Der *subjonctif* nach bestimmten Konjunktionen

Faites quelque chose contre cette maladie, **avant qu**'il (ne) **soit** trop tard!
Nous avons recours à ces mesures draconiennes, **afin que** la maladie ne **se répande** pas.

Ähnlich wie bei den Verben und den unpersönlichen Ausdrücken gibt es auch eine Reihe von Konjunktionen, die automatisch den *subjonctif* auslösen. Im Zusammenhang mit den Adverbialsätzen (vgl. Kapitel 4, 7 und 8) werden sie ausführlich behandelt, so dass an dieser Stelle ein Überblick über die wichtigsten Konjunktionen ausreichend sein dürfte.

Folgende Konjunktionen leiten **automatisch** Adverbialsätze im *subjonctif* ein:

* temporale Konjunktionen

avant que… (ne)	(bevor)
jusqu'à ce que	([solange] bis)
en attendant que	([in der Zeit] bis)

* finale/konsekutive Konjunktionen

pour que	(damit)
afin que	(damit)
de peur que… (ne)	(damit nicht)
de crainte que… (ne)	(damit nicht)

* konzessive Konjunktionen

quoique	(obwohl)
bien que	(obgleich)

* adversative Konjunktion

sans que	(ohne dass)

* konditionale Konjunktionen

à condition que	(unter der Bedingung, dass)
pourvu que	(vorausgesetzt, dass)
à supposer que	(angenommen, dass)
à moins que… (ne)	(sofern nicht; es sei denn, dass; außer wenn)

4 L'économie en panne.
Reliez les phrases en vous servant des conjonctions proposées en bas.

1. Les gens ne renoncent pas à leur voiture
2. L'économie pourra reprendre
3. Même étant malade, elle n'a pas quitté son poste de travail
4. Beaucoup de jeunes font des petits boulots
5. Ton père fait même des heures supplémentaires
6. Les hommes politiques ont lancé pas mal de programmes
7. Je pourrais avoir ce poste
8. Les responsables ne se sentent pas vraiment concernés
9. Il faut passer un test psychologique

a) on soit invité à un entretien
b) les entreprises fassent des efforts pour créer des places de travail
c) ils n'aient quelqu'un d'autre
d) ils aient moins d'argent pour payer essence et assurance
e) la situation ait vraiment changé
f) la population descende dans la rue
g) la direction la renvoie
h) la demande augmente
i) tu puisses avoir une bonne formation

________ à condition que ________	________ de peur que ________
________ afin que ________	________ à moins que ________
________ jusqu'à ce que ________	________ en attendant que ________
___1.___ quoique ___d)___	________ sans que ________
________ avant que ________	

C Der *subjonctif* in bestimmten Relativsätzen

Betrachten Sie die drei Relativsätze auf Seite 44 genauer, so stellen Sie eine Verneinung, eine gewünschte Eigenschaft und einen Superlativ als auslösendes Moment für den *subjonctif* fest.

① Je **ne** connais **personne** qui…		dagegen:	Je connais beaucoup de gens qui se plaignent. ⇒ *indicatif*
② Je **cherche** une voiture qui…	***subjonctif***		Je sais que vous avez une voiture qui est facile à garer. ⇒ *indicatif*
③ La CRT-SM LUXE est le **plus petit modèle** qui…			Nous avons plusieurs petits modèles qui sont sur le marché. ⇒ *indicatif*

Bei allen drei Relativsatztypen, in denen der *subjonctif* steht, ist die **einschränkende Betrachtungsweise** durchgängiges Prinzip.

Relativsatz-Typ ①

Il **n'**y a **que** le temps qui **puisse** guérir ce chagrin.

Nach folgenden **Verneinungs- bzw. Einschränkungsformeln** im Einleitungssatz wird in der Regel der *subjonctif* ausgelöst:

ne… personne	ne pas… de	peu de + Nomen
ne… aucun, aucune	ne… que + Nomen	ne… pas beaucoup de + Nomen
ne… rien	ne… que + Pronomen	

Relativsatz-Typ ②

Der *subjonctif* wird im Relativsatz erforderlich, wenn

1. im Einleitungssatz ein **Verb des Wünschens, der Annahme oder der Aufforderung** und
2. als Bezugselement für den Relativsatz ein Nomen mit einem unbestimmten Artikel bzw. einem Partitiv oder einem indefiniten Pronomen enthalten ist.

Je rêve d'hommes politiques qui ne soient pas corrompus par l'argent.

(rêve: Verb des Wünschens; d'hommes politiques: unbestimmter Artikel + Nomen; soient: *subjonctif*)

Zu den einleitenden Verben und Ausdrücken eines Relativsatzes vom Typ ② gehören:

chercher il (me) faut avoir besoin de j'aimerais (faire) je voudrais rêver de penser à trouve(z)-moi imagine/imaginez figure-toi/figurez-vous	+ unbestimmter Artikel + Nomen oder Teilungsartikel + Nomen oder indefinites Pronomen	+ Relativpronomen

Relativsatz-Typ ③

Ist das Bezugselement für den Relativsatz **ein Superlativ oder ein superlativischer Ausdruck**, so wird der *subjonctif* ausgelöst.

C'est le seul journal qui tienne à garder son indépendance politique.

(le seul journal: superlativischer Ausdruck; tienne: *subjonctif*)

Sobald der einleitende Satz jedoch im *imparfait* steht, ist im Relativsatz auch der *indicatif* möglich. (C'**était** le seul journal qui **tenait** à garder son indépendance politique.)

Folgende *subjonctif*-Auslöser sollten Sie sich merken:

Nominalgruppe	+ Adjektiv im Superlativ	+ Relativpronomen
un,e des plus	+ Adjektiv + Nomen	
un,e des rares	+ Nomen	
le premier, la première	+ Nomen	
le dernier, la dernière	+ Nomen	
le seul, la seule	+ Nomen	
l'unique	+ Nomen	

5 Des occasions – il y en a partout.
Intégrez dans l'ordre indiqué par les chiffres les textes publicitaires dans les phrases qui suivent. – Subjonctif ou indicatif?

1) Des vacances qui font oublier le reste de l'année
2) Un concierge sur lequel on peut compter
3) Des maisons qui ont été construites au tournant du siècle
4) Un film dont on se souviendra longtemps
5) Un magasin qui a ouvert 24 h sur 24 h
6) Un vin/des vins qu'on peut boire à tous les repas
7) Une télécarte qui ne connaît pas de frontières
8) Une Europe où les différences sont ressenties comme des richesses
9) Un ordinateur qui résoud tous vos problèmes

1. Nous n'avons que ____________________

____

2. Connaissez-vous ____________________

____________________?

3. Ce sont les seules maisons ____________________

____

4. J'ai vu ____________________

____

5. C'est un des rares ____________________

____

6a. Papa nous a conseillé ____________________

____

6b. Il y a peu de ____________________

____

7. Imagine-toi ____________________!

8. Le nouveau président de la Commission Européenne a parlé d' ____________________

____

9. C'est le premier ____________________

Test

I Au théâtre – à l'entr'acte.
Reliez les phrases et choisissez le mode qui convient.

1. Il a bien joué. Tu ne trouves pas?
2. Les pièces contemporaines sont incompréhensibles. Comment se fait-il?
3. Cet auteur prend toujours des sujets brûlants. D'ailleurs, c'est le seul.
4. Est-ce que la deuxième partie sera moins ennuyante? Je l'espère bien.
5. Je vais vite aux toilettes. Il vaut mieux...
6. La prochaine fois, je t'accompagnerai sous une seule condition: tu choisis un auteur classique.
7. Si les décors ont un sens...? Non, je ne le crois pas.
8. Mais si! Les décors sont même plus importants que les acteurs. Il n'y a pas de doute.
9. Je ne comprends pas toutes les paroles. Pourtant la pièce me plaît. (deux solutions: propositions concessive/proposition adversative)
10. Atteindre le grand public avec une pièce de théâtre! J'aimerais bien réaliser une telle pièce.
11. Cette pièce est la meilleure du festival! Je te l'affirme.
12. Bon, cette pièce obtiendra le premier prix. Admettons-le! Mais...

| 13 points

II Corrigez les fautes – s'il y en a. (Schreiben Sie eine kurze Begründung für Ihre Korrektur dazu.)

1. C'est la première fois que je fasse un tel voyage.
2. Est-elle d'accord que nous venons?
3. Je ne me souviens pas que j'ai rencontré cet homme.
4. Ils ont verrouillé les portes de peur que le cambrioleur revient une deuxième fois.
5. La gymnastique, c'est le seul moyen qui fait vraiment maigrir.
6. Je n'ai pas l'impression qu'ils aient compris le problème.
7. Elle prépare les valises pendant qu'il fasse encore quelques courses.
8. Il fait encore quelques courses en attendant qu'elle ait terminé de préparer les valises.
9. Il n'y a pas beaucoup de pays qui sont capables de donner une bonne éducation aux jeunes.
10. Que le film européen est en difficulté, cela est indiscutable.

| 10 points

4 Adverbialsätze und alternative Konstruktionen I *Circonstancielles et constructions alternatives I*

A Kausale Beziehungen
B Finale und konsekutive Beziehungen

Die **Beziehungen zwischen Ursache und Wirkung** können durch zwei Arten von Sätzen ausgedrückt werden:

a) Die Wirkung wird im Hauptsatz ausgedrückt und die Ursache im Nebensatz (Kausalsatz).
b) Die Ursache wird im Hauptsatz ausgedrückt, und die Wirkung steht im Nebensatz (Final- und/oder Konsekutivsatz).

Dieselben Beziehungen können auch durch beigeordnete Hauptsätze, durch adverbiale Bestimmungen (Präposition + Nomen) und gegebenenfalls durch Infinitiv- oder Partizipialkonstruktionen ausgedrückt werden.

A Kausale Beziehungen

Tu ne peux pas sortir faire du foot **parce qu**'il pleut.
Puisque tu sais tout, tu pourras sans doute me dire comment remplir ce formulaire.
Comme j'étais souffrant, je n'ai pas pu assister à la réunion.

Angabe des wirklichen Grundes: Konjunktion + Indikativ

Der Auslöser des Geschehens steht im Nebensatz und wird durch folgende Konjunktionen eingeleitet.

Die Ursache ist dem Zuhörer nicht bekannt:

parce que (weil) comme (da; Nebensatz immer vorangestellt) étant donné que (da ja; verstärkt) vu que (da; amtlich, schriftlich)	Il a de mauvais résultats **parce qu**'il a mal travaillé. **Comme** j'ai oublié mon parapluie, j'ai dû attendre la fin de l'averse à la gare. **Etant donné que** tu ne viens pas à l'entraînement, tu ne participeras pas au prochain match.

Die Ursache ist bekannt:

puisque (da; verstärkt, die Ursache ist offensichtlich, Nebensatz meistens vorangestellt)	**Puisque** vous ne venez jamais en cours, vous ne pouvez pas avoir de bonnes notes.

Das Ausmaß der Wirkung hängt von der Ursache ab:

d'autant plus que (umso mehr, als; zumal; der Grund ist entscheidend)	Je suis fort déçue de son comportement, **d'autant plus que** je le prenais pour un ami.

Die Ursache ist umstritten:

sous (le) prétexte que (unter dem Vorwand, dass)	**Sous prétexte que** les bus ne passent pas souvent, il arrive toujours en retard.

Bei gleichem Subjekt wird oft die Infinitivkonstruktion vorgezogen:

Sous prétexte d'habiter fort loin, il arrive toujours en retard.

Kausalsätze mit *parce que* stehen in der Regel hinter dem Hauptsatz:

Il a de mauvais résultats **parce qu'**il a mal travaillé. (neutrale Perspektive)

Soll jedoch die **Ursache hervorgehoben** werden, so benutzt man:

si-Satz + *c'est (parce) que*

oder

c'est (parce) que… + *que*-Satz

S'il a de mauvais résultats, **c'est (parce) qu'**il est malade.
C'est (parce) qu'il a mal travaillé qu'il a de mauvais résultats.

Angabe eines vermuteten Grundes: Konjunktion + *subjonctif*

soit que… soit que (sei es, dass… sei es, dass; zwei Ursachen denkbar)	Elle n'est pas arrivée au train de midi, **soit qu'**elle *ait manqué* la correspondance, **soit que** la grève *se poursuive*.
ce n'est pas que… mais, non pas que… (ein möglicher Grund wird verneint, der wahre Grund wird mitgeteilt)	Nous n'avons pas d'animaux. **Ce n'est pas que** nous ne les *aimions* pas, **mais** nous sommes souvent absents.

1 Ajoutez la conjonction qui convient.

1. ______________ il est souvent malade, il ne rend aucun travail à temps. Mais en fait il est d'une paresse (Faulheit) phénoménale.
2. Si je ne suis pas chez toi à 8 heures, ______________ j'aurai manqué mon train.
3. Ce n'est pas ______________ il est un enfant adopté ____________ il faut le traiter différemment.
4. ______________ ma voiture n'a pas voulu démarrer, j'ai dû prendre un taxi.
5. ______________ tu as la grippe, tu devrais rester au lit.
6. Je ne vais guère au théâtre ______________ j'adore lire les pièces de théâtre pour tout imaginer seule.
7. ______________ l'accusé est très malade, il restera en liberté surveillée pendant le procès.
8. Cela fait des heures que j'essaie de le joindre au téléphone: ______________ il ait mal raccroché, ______________ sa ligne soit en dérangement.
9. Je ne comprends pas qu'elle puisse dépenser tant d'argent pour des cigarettes ____________________ elle gagne très peu.
10. Si je ne viens pas à ta soirée, ____________________ je n'aie pas envie de te voir, mais cette soirée est déjà prise depuis longtemps.

Weitere Mittel zur Kausalangabe

Konjunktion zwischen zwei Hauptsätzen:

en effet (nämlich; nachgestellt)	Les Allemands ont tendance à avoir du cholestérol, **en effet**, ils mangent beaucoup de charcuterie.
car (denn; meist schriftlich)	Il inscrivit son fils avec deux ans d'avance au lycée **car** il le prenait pour un génie.

Präposition + Nomen oder Präposition + Infinitiv:

à cause de (wegen; Ursache meist negativ)	On ne peut pas lui faire confiance **à cause de** ses absences.
en raison de (aufgrund; neutral oder negativ)	Les trains de banlieue ne circulent pas **en raison d'**une grève.
par suite de + Begleiter (infolge; meist negativ)	**Par suite d'**un accident, la ligne 7 est interrompue.
pour + Nomen ohne Begl. (wegen; negativ)	Elle a été renvoyée **pour** vol.
grâce à (dank; positiv)	Il a réussi **grâce à** son travail.
pour + Nomen mit Begleiter (wegen; positiv)	Il a reçu le prix Goncourt **pour** son dernier roman.
faute de + Nomen ohne Begl. (mangels)	**Faute de** preuves (Beweise), la police a relâché le suspect.
par + Nomen ohne Begl. (aus, durch)	Il a dit cela **par méchanceté**.
sous (le) prétexte de + Nomen (unter dem Vorwand)	**Sous prétexte de** maladie, elle manque toujours.
sous prétexte de + Infinitiv	**Sous prétexte de** faire des économies, le gouvernement néglige les écoles.
de + Nomen ohne Begl. (vor)	Certains SDF meurent **de** froid.
à force de + Nomen ohne Begl. (wegen, dank, durch; Intensität)	**A force d'**efforts, elle a réussi.
à force de + Infinitiv	**A force d'**avaler tant de médicaments, tu feras une allergie.

Partizipialkonstruktionen
– bei gleichem Subjekt wie im Hauptsatz:

participe présent	**Etant** d'une nature peu sympathique, **elle se fait** peu d'amis.
gérondif: die Begleitumstände einer Ursache werden hervorgehoben	**En refusant** de porter le voile islamique, les jeunes Algériennes s'exposent (sich aussetzen) à des représailles.

– mit eigenem Subjekt:

participe présent	Les digues **se rompant**, le fleuve a envahi la plaine.

Partizipien in kausaler Funktion stehen meist vor dem Hauptsatz bzw. vor dem Verb des Hauptsatzes.
Diese Konstruktionen gehören der Schriftsprache oder der gehobenen Sprache an und werden wegen ihrer knappen Form oft den Adverbialsätzen vorgezogen, z. B. in Zeitungen, Überschriften und Telegrammen.

2 Setzen Sie die fehlende Präposition, die Präpositionalgruppe oder die Konjunktion ein.

grâce à (2 x)	faute de	sous prétexte de	par (2 x)
car	à force de (2 x)	par suite de	

1. Je ne viendrai pas ____________________ temps.
2. ____________________ manque d'argent, la ville ne construira pas de piscine.
3. ____________________ une publicité originale, ce livre se vend très bien.

    ________________________ un encombrement (Überlastung), votre appel téléphonique ne peut aboutir (erfolgen).

5. ________________________ régimes répétés, elle a de graves troubles de l'estomac (Magen).
6. Il n'est pas étonnant de trouver des fuchsias aussi hauts que des maisons à Jersey, ____________________ , ____________________ au gulf stream qui passe près de l'île, le climat est très doux.
7. Je ne suis pas tout à fait d'accord avec ta pétition (Unterschriftensammlung), si je la signe, c'est uniquement ____________________ sympathie pour toi.
8. ________________________ être toujours de mauvaise humeur, tu vas finir par décourager tout le monde.
9. ____________________________ de devoir faire des économies, il refuse de payer sa part.

3 parce que, parce que, parce que...
Versuchen Sie nun, folgende Sätze stilistisch zu verbessern, ohne den Sinn des Satzes zu verändern.

par	faute de	grâce à
à force de	étant donné que...	
participe présent	gérondif	par suite de

Le pont ne sera pas construit **parce qu'**il n'y a pas assez d'argent.

Le pont ne sera pas construit par manque d'argent.

1. C'est parce que tu m'as aidée que j'ai pu réussir.
2. Le boulevard périphérique sera fermé parce qu'il y a eu deux graves accidents.
3. Comme il a fait beaucoup d'efforts, il a réussi à s'imposer au golf.
4. Si je l'ai fait, c'est uniquement parce que j'éprouve une grande amitié pour votre père.
5. Comme il n'y avait pas de preuves, la police a dû relâcher le suspect.
6. Elle a pris froid parce qu'elle est sortie les cheveux mouillés.
7. Comme vous arrivez toujours en retard, je ne vois pas comment vous pouvez suivre le cours.
8. Comme je n'ai pas de confirmation (Bestätigung) de votre réservation, je me permets de vous écrire (⇒ lettre offizielle).

B Finale und konsekutive Beziehungen

Parlez assez fort **pour que** tout le monde vous *comprenne*.
Préviens-moi à temps **de manière que** je *puisse* préparer ta chambre.

Im Finalsatz werden Zweck und Absicht angegeben, während der Hauptsatz die Mittel und die Art mitteilt, wie dies erreicht werden kann.
Final- und Konsekutivsätze liegen eng beieinander. Der **Finalsatz** unterscheidet sich allerdings dadurch, dass er auf jeden Fall eine **Intention** ausdrückt, während der **Konsekutivsatz** feststellt, dass eine **Folge** (Konsequenz) eingetreten ist.

Finale Beziehungen

- **Der Finalsatz (Konjunktion + *subjonctif* bei unterschiedlichen Subjekten)**

Eine Konsequenz soll erreicht werden:

pour que (damit) afin que (damit)	Je lui téléphone **pour qu'**il *vienne*. Préviens-le **afin qu'**il *fasse* le nécessaire.

Das Ziel soll durch eine bestimmte Art und Weise erreicht werden:

de façon que (derart…, dass) de manière que (so…, dass) de sorte que (in der Weise, dass)	Ecris **de façon qu'**on te *lise*. Le Louvre a été élargi **de manière qu'**on *puisse* voir tous les chefs-d'œuvre.

Eine Konsequenz soll vermieden werden:

de peur que (damit nicht) de crainte que (um zu vermeiden)	J'ai fait mettre une alarme sur ma voiture **de peur qu'**on me la *vole*. Elle cachait ses pompes (Spicker) dans son collant (Strumpfhose) **de crainte que** le prof (ne) la *surprenne*.

- **Weitere Mittel der Finalangabe**

a) Imperativ + *que*

b) *subjonctif* im Relativsatz (vgl. Kapitel 3 C)

> Nous cherchons un hôtel **qui** ne *soit* pas trop bruyant.
> Connaissez-vous un restaurant **qui** ne *serve* pas que de la nouvelle cuisine?

Der *subjonctif* drückt hier aus, dass es sich um einen **Wunsch** handelt.

Dabei muss man unterscheiden:

Ma sœur cherche une voiture **qui** *soit* économique.

von

La police cherche une voiture qui vient d'avoir un accident avec un vélo.

Diese Tatsache *(l'accident)* ist sicher.

c) Infinitiv

Bei gleichem Subjekt muss man auf eine Infinitivkonstruktion zurückgreifen (Präposition + Infinitiv).

Eine Konsequenz soll erreicht werden:

pour / afin de de façon à de manière à	**Pour** maigrir, Nicole ne mange plus de beurre. La commune fait agrandir le port **de façon à** accueillir davantage de touristes.
en vue de (in der Absicht, zu) dans l'intention de	J'ai mis un peu d'argent de côté **en vue de** passer une année sabbatique.

Eine Konsequenz soll vermieden werden:

de peur de de crainte de	Monique ne mange que des yaourts et des pommes **de peur de** grossir.

4 Corrigez les phrases suivantes.

1. Je prends un pull pour que je n'aie pas froid.
2. Il étudie dur dans l'intention qu'il réussisse.
3. Ses parents font beaucoup d'heures supplémentaires pour qu'il peut faire des études.
4. Ecrivez de manière que je lis vos devoirs.
5. Je viendrai garder les enfants pour vous puissiez sortir.
6. Prends un parapluie de peur que tu ne sois mouillé.

5 Reliez les phrases suivantes par une conjonction ou une préposition qui remplacera le verbe exprimant un souhait ou une crainte.

pour que	afin que	de peur que	de manière que
ou la préposition qui convient + infinitif			

Nous partirons tôt/nous voulons éviter les embouteillages.

Nous partirons tôt pour éviter les embouteillages.

1. Elle ne s'est pas présentée à l'examen/elle avait peur de ne pas être reçue.
2. Il nous a téléphoné/il nous a annoncé la naissance de sa fille.
3. Nous faisons une pétition (Unterschriftensammlung)/nous voulons empêcher la construction d'un nouveau port.
4. Parlez distinctement (deutlich)/tout le monde vous comprendra.
5. Ne raconte jamais cette plaisanterie devant ta grand-mère/tu risquerais de la blesser.
6. Ne dis jamais cela à ta mère/elle pourrait être très choquée.
7. Téléphonez-moi/je vous réserverai une table.
8. Je vais vous faire un résumé des derniers épisodes/vous comprendrez mieux ce soir.
9. Les cambrioleurs avaient mis des masques/ils ne voulaient pas être reconnus.
10. Elle lui interdit d'aller en discothèque/elle craint qu'il ne fasse de mauvaises rencontres.

Konsekutive Beziehungen

Konsekutive Angaben nennen die Folgen, die Wirkungen einer Handlung oder eines Geschehens. Diese Folgen können logisch sein oder erdacht oder beabsichtigt.

- **Die Konsequenz ist eine logische Folge ⇒ Konsekutivsatz im Indikativ**

Der Hauptsatz drückt die Ursache aus. Der Nebensatz schildert **eine logische Folge**, die durch eine **Konjunktion** oder ein **Intensitätsadverb** + ***que*** eingeführt werden kann.

Konjunktion + *que* + Indikativ:

si bien que (so dass)	Le stage sur la voile m'a beaucoup plu **si bien que** je recommencerai.
de (telle) sorte que (so dass)	Il s'affaiblissait de jour en jour **de sorte qu'**on a dû le rapatrier.
de telle manière que (derart)	Il écrit **de telle manière qu'**on devine à peine ce qu'il veut dire.
de (telle) façon que	Il conduit **de telle façon que** j'ai peur avec lui.

Achtung: *de sorte que, de manière que, de façon que* können sowohl den Indikativ als auch den *subjonctif* auslösen. In Sätzen, die eine **eingetretene Folge** beschreiben, wird der **Indikativ** benutzt. In Sätzen, die eine **beabsichtigte Folge** ausdrücken, steht der ***subjonctif*** (vgl. Seite 55).

Intensitätsadverb + Nomen/Verb/Adjektiv/Adverb + *que* + Indikativ:

tant de (...) que (so viel)	J'ai **tant** d'amis **que** je ne peux pas inviter tout le monde.
tellement de (...) que	Elle avait **tellement** de bijoux **qu'**elle ne savait pas combien on lui en avait volé.
un(e) tel(le) (...) que (solch ein)	Il s'est battu avec **un tel** courage **qu'**il impressionnait tout le monde.
Nomen + être + tel(le) que	La réputation de ce chanteur est **telle que** toutes les places du concert sont vendues.
Verb + tellement/tant (...) que	Mona fait **tant** d'heures supplémentaires **qu'**elle dort debout dans le métro. La cigale a **tant** chanté **qu'**elle n'a pas de provisions pour l'hiver.
si + Adv./Adj. + que tellement + Adv./Adj. + que	Il est **si** timide **qu'**il ne dit jamais son avis. Ses pieds sont **tellement** grands **qu'**il doit se faire faire des chaussures sur mesure.

Konsekutivsätze des hier angeführten Typs können dasselbe Subjekt haben wie der Hauptsatz. Infinitivkonstruktionen sind jedoch auch möglich:

Nous avons réservé il y a deux mois **de manière à** avoir des places à ce concert.
Simone a travaillé **au point d'**en tomber malade.

6 Les SDF (les sans domicile fixe).
Complétez par la conjonction ou locution conjonctive qui convient.

Mesdames et messieurs, bonsoir...
Et d'abord ces informations alarmantes: 400 000 personnes sont sans domicile fixe en France. Oui, chez nous en France.
Le froid qui s'est installé dans la capitale a fait des victimes la nuit passée.

1. Les températures vont encore baisser ____________________ la ville a décidé d'ouvrir la station de métro Saint-Martin, tristement célèbre depuis plusieurs années.
2. Il a même fait ____________________ froid dans certains arrondissements extérieurs ____________________ trois personnes sont mortes la nuit passée.
   Comme en 1954, l'abbé Pierre était présent auprès des plus démunis (= pauvres).
3. Il a une ____________________ énergie ____________________ la Mairie de Paris a accepté aujourd'hui de réquisitionner (beschlagnahmen) des logements inhabités depuis des années.
4. Voilà le paradoxe de la situation du logement à Paris. Certains appartements sont ____________________ chers ____________________ ils restent vides depuis des années.
5. Il y a ____________________ de demandes pour les HLM (Sozialbauwohnungen) ____________________ les demandeurs doivent attendre six ou sept ans.
6. Par ailleurs, il faut savoir que la ville de Paris a ____________________ réduit le nombre des logements sociaux ____________________ il faudra des années avant de sentir une amélioration de la situation.

- **Die Konsequenz ist eine erdachte Möglichkeit oder eine beabsichtigte Folge ⇒ Konsekutivsatz im *subjonctif***

Haupt- und Nebensatz haben unterschiedliche Subjekte:

Verb + trop pour que (zu… als dass; unterschiedliche Subjekte)	Il pleut **trop pour que** les gens *aillent* à la plage. (Die Folge kann nicht eintreten.)
assez + Adj./Adv. + pour que	Il n'est pas **assez** vieux **pour qu'**on *puisse* l'accepter.
assez de + Nomen + pour que trop de + Nomen + pour que	Il y a **assez d'**élèves **pour qu'**on *puisse* remplir un car. Il y a **trop de** verglas **pour que** je *prenne* la voiture.

In der folgenden Übung soll zunächst überlegt werden, ob der Nebensatz eine **logische** oder eine **erdachte Folge** schildert.

7 Indicatif ou subjonctif? Complétez par la conjonction ou la locution conjonctive qui convient ainsi que le temps et mode exigé.

de façon que	de manière que	si… que (2x)	tellement… que
de telle manière que	un tel… que	trop… pour que	

1. Les gens sont devenus __________ indifférents ________ ils ne/faire/ ________ même pas attention aux agressions dans le métro.
2. Cet homme politique parle __________________ personne ne le/comprendre/ __________________.
3. Il a __________ menti __________ on/ne pas pouvoir/__________ le croire.
4. Il conduit __________ mal pour__________ nous lui/prêter/__________________ notre voiture.
5. Les frontières seront contrôlées sévèrement __________________ les immigrés clandestins/être découragés __________________.
6. Il conduit ________ mal ________ il/avoir déjà/__________ trois accidents en un an.
7. Ce prof a un __________ dynamisme __________ toute la classe le/suivre/ __________________.
8. Si tu viens, téléphone-nous __________________ nous/préparer __________ ta chambre.

Wie Sie schon gesehen haben, werden manche Nebensätze nur gebraucht, wenn die Subjekte in Haupt- und Nebensatz verschieden sind. Bei **gleichem Subjekt** sollten Sie auf eine Infinitivkonstruktion zurückgreifen.

Il est **trop** poli **pour** être honnête.
Tu es **assez** vieux **pour savoir** ce que tu fais tout seul.

8 C'est la fin de l'année scolaire. Les élèves du lycée Saint-Exupéry veulent aussi tenir un conseil de classe et donner des appréciations à leurs profs. Ils parlent entre eux dans la cour.
Complétez les phrases suivantes par la conjonction ou la préposition qui convient.

si... que (2x)	trop... pour + infinitif (2x)	afin que	tellement... que
trop... pour que	de manière à + infinitif	si bien que	

1. Le prof de physique a parlé __________ longtemps __________ personne n'a écouté. En communication, je lui mets 4/20!
2. Oui, et les cours d'économies sont __________ compliqués __________ plus personne n'y comprend quelque chose. Moi, en pédago, je lui colle un 2/20.
3. En ce qui concerne la prof d'anglais, je crois qu'elle est __________ sympa __________ être sincère (aufrichtig).
4. Oui, mais avec elle on a __________ travaillé __________ on a fini par réussir. On pourrait lui donner un 12/20.
5. Et pour Blondel, qu'est-ce qu'on met? – Mlle de Blondel change souvent de méthode __________ intéresser ses élèves. Ses cours sont captivants et bien structurés: 13/20.
6. Elle explique avec des exemples très concrets __________ les plus lents du cours aient une chance.
7. Tandis que la prof de maths se retranche (sich zurückziehen) derrière une grande froideur __________ les élèves ne lui demandent plus rien.
8. Quant à la pionne (Aufseherin), elle est beaucoup __________ sympa __________'on la prenne vraiment au sérieux.
9. Oui, c'est comme le prof de géo: il est __________ timide __________ nous déranger quand on parle en cours!

- **Alternative Konstruktionen**

Logische Konsequenzen können auch durch Adverbien mit konsekutivem Sinn (Verknüpfungsadverbien), komplexe Konjunktionen oder Präpositionalgruppen verbunden werden.

Il est toujours agité en classe; **d'où** ses mauvaises notes.
(Il est toujours agité en classe, **d'où** les mauvaises notes qu'il a.)
Il est toujours agité en classe; **c'est pourquoi** il a des mauvaises notes.

Durch den abwechselnden Gebrauch dieser verschiedenen Strukturen können Sie einen Text stilistisch lebendiger gestalten.

Die Folge wird durch einen **Infinitiv** ausgedrückt:

trop... pour + Infinitiv	(zu..., als dass)
assez... + Infinitiv	(...genug, um)
de manière à + Infinitiv	(um zu)
au point de + Infinitiv	(dermaßen, dass/derart)

Ein mit **d'où** angeschlossenes Nomen nennt die Folge:

d'où + Nomen	(daher)

Zwei Hauptsätze werden miteinander koordiniert:

ainsi	(also)
alors	(also, dann)
donc	(also, somit)
par conséquent	(infolgedessen; förmlich)
en conséquence	(folglich)
c'est pourquoi	(deshalb)
c'est pour ça que (mündlich)	(deshalb)
comme ça (mündlich)	(so)

9 Pour ou contre l'ordinateur partout?
Complétez avec la conjonction, la locution prépositive ou conjonctive ou l'adverbe qui convient pour exprimer la conséquence. Choisissez entre:

si bien que, si... que, c'est pourquoi, au point de, d'où, donc, trop... pour

Des profs discutent entre eux des ordinateurs. Les avis sont très partagés.

1. Ils passent des heures entières devant leurs écrans, ____________________ ils ne savent même plus communiquer entre eux.

2. N'éxagérons rien. Il existe de très bons programmes.

   Il ne faut ________________ pas tout condammer en bloc.

3. Penses-tu! Nos élèves sont bien ________________ fainéants ________________ acheter des choses intelligentes!

4. C'est bien mon avis. La seule chose qui les intéresse, ce sont les jeux. Ils sont incapables de fixer leur attention deux minutes sur une chose; ________________ leurs difficultés à l'écrit.

5. Je vous trouve bien pessimistes. La réalité, c'est que la technique s'est développée ________________ vite ________________ nous n'avons pas suivi l'évolution.

6. Tout à fait. Personnellement, j'en ai bien conscience, et c'est ________________ j'ai demandé à participer à un stage de formation en informatique.

7. Pour moi, l'informatique est une mode qui se vend bien, certes, mais une mode quand même. Elle envahit tout, ________________ de nous faire perdre le sens de l'essentiel.

Test

I Dans les phrases suivantes, le mot choisi pour exprimer la cause a une nuance qui ne convient pas au contexte. Remplacez-le par l'expression correcte avec: ayant, à cause de, grâce à, en raison de, parce que, par suite de.

1. Grâce au dépeuplement (Entvölkerung) du village, on a dû fermer l'école.
2. Il apprécie beaucoup les romans policiers sous prétexte que le suspense y est très grand.
3. Par suite de sa gentillesse, il a beaucoup d'amis.
4. Sous l'effet de son grand âge, il n'a pu venir témoigner (als Zeuge aussagen) au procès.
5. Par un accident, l'autoroute sera fermée pour le reste de la journée.
6. A la suite de sa faim, il a vidé le réfrigérateur.

6 points

II Un journaliste de «Macadam», le journal des SDF de Paris, interroge des SDF berlinois en vue d'un mouvement de solidarité européen. Traduisez les réponses obtenues.

Letzte Woche war es so kalt, dass zwei von uns (deux d'entre nous) gestorben sind.

Die Politiker? Wissen Sie, sie verdienen so viel Geld, dass sie nicht einmal wissen, wie viel ein Brötchen kostet…

Jahrelang hat man nichts gemacht; daher die Wohnungskrise.

Der Bürgermeister kommt nie, damit er nicht ausgeschimpft wird (être injurié).

Die Politiker kommen nur, damit das Fernsehen sie zeigt.

Die sind sowieso zu reich, als dass wir ihnen glauben können.

Unter dem Vorwand, dass die Wiedervereinigung viel Geld kostet, vergisst man die Schwachen.

Ich bin sehr enttäuscht, umso mehr, als ich aus dem Osten komme.

Drei Punkte pro Satz – ein Punkt Abzug pro Fehler.

24 points

III Imaginez les conséquences!
Servez-vous des expressions données pour exprimer les conséquences.

a) Reliez les causes et les conséquences provoquées et
b) n'oubliez pas de transformer l'adverbe d'intensité de la cause et employez **tellement… que, tant… que** ou **si… que** dans la phrase exprimant la conséquence.

Exemple: beaucoup maigrir/plus un pantalon n'être à sa taille

Elle a tellement maigri que plus un pantalon n'est à sa taille.

les causes	les conséquences
conduire très mal	être malade
la pollution est très grande	avoir des coups de soleil
beaucoup travailler	avoir un accident
crier beaucoup	falloir porter un masque à gaz en l'an 2000
rester trop longtemps au soleil	ne plus pouvoir parler
trop manger	réussir à son examen

Zwei Punkte pro Satz – ein Punkt Abzug pro Fehler.

6 points

5 Die Verneinung
La négation

A Die Verneinungselemente
B Die Stellung der Verneinungselemente im Satz
C Die Verneinung durch *ne… ni… ni*
D Die Einschränkung

A Die Verneinungselemente

Wie Sie bereits wissen, gibt es neben den wichtigsten Verneinungselementen *ne… pas* eine ganze Reihe weiterer Elemente, die die Verneinung präziser fassen.

Elemente der Negation		**Adverbien bzw. indefinite Pronomen der Affirmation**	
kaum	*ne… guère (ne… pas souvent)*	*souvent*	oft
noch nicht	*ne… pas encore*	*déjà*	schon
überhaupt nicht	*ne… pas du tout*	*un peu*	ein bisschen
auch nicht	*ne… pas non plus*	*aussi*	auch
nicht mehr	*ne… plus*	*encore*	noch
überhaupt nicht mehr	*ne… plus du tout*	*encore un peu*	noch ein bisschen
niemals	*ne… jamais*	*toujours*	immer
		quelquefois	manchmal
niemals mehr	*ne… plus jamais*	*encore une fois*	noch einmal
nichts	*ne… rien*	*quelque chose*	etwas
		tout	alles
nichts mehr	*ne… plus rien*	*encore quelque chose*	noch etwas
überhaupt n. m.	*ne… plus rien tout*	*encore un peu*	noch ein bisschen
niemand	*ne… personne*	*quelqu'un*	jemand
keine(r)	*ne… aucun,e*	*quelques + nom*	einige
nicht eine(r)	*ne… pas un(e) seul(e)*	*quelques-uns(-unes)*	einige

Eine häufige Fehlerquelle ist, dass die Grundformel der Negation *ne… pas* einfach mit den Adverbien bzw. den indefiniten Pronomen der Affirmation verknüpft wird. Daher ist es besser, wenn Sie sich von vornherein die **Gegensatzpaare** einprägen.

1 C'est toujours le contraire!

1. ne... plus du tout ≠ ____________________
2. quelqu'un ≠ ____________________
3. souvent ≠ ____________________
4. quelques-unes ≠ ____________________
5. ne... plus rien du tout ≠ ____________________
6. ne... pas encore ≠ ____________________
7. encore une fois ≠ ____________________
8. déjà ≠ ____________________
9. encore quelque chose ≠ ____________________

2 L'émancipation à l'épreuve.
Devant une commission parlementaire sur l'égalité des sexes, le ministre de l'Industrie, un homme, dit dans son discours:

L'émancipation de la femme est déjà[1] acquise dans presque tous les domaines. Par exemple, il n'y a guère[2] de femmes qui n'aient pas de formation professionnelle. Dans une société libérale telle que la nôtre, il faut toujours[3] tolérer des exceptions. Ainsi, il y a des jeunes filles qui craignent un peu[4] le stress de la vie professionnelle. Quelques-unes[5] veulent se consacrer entièrement à la vie de famille. Elles n'attendent rien[6] d'une carrière professionnelle.
Par contre, si une femme se décide à faire carrière, elle ne rencontre plus[7] d'obstacles. Il n'y a pas un seul patron[8] qui puisse résister aux compétences d'une femme. Le seul problème qui subsiste,[9] c'est les enfants – qui s'occupe des enfants quand ils sont petits? On n'a pas encore[10] de modèles convenables.

La Secrétaire d'Etat aux droits de la femme voit les choses bien différemment. Transformez le contenu des phrases en exprimant le contraire. Attention, adaptez aussi la grammaire (p. ex.: article, mode) et le lexique si c'est nécessaire.

1. L'émancipation de ____________________
   ____
2. Par exemple, ____________________
   ____
3. Dans la société démocratique et sociale, que nous souhaitons établir ____________________
   ____________________ des inégalités.
4. Selon un sondage, les jeunes filles ____________________
   ____

5. Il n' ______________________ qui veuille se consacrer ______________________

____

6. ____

____

7. Par contre, ____

____

8. Il y a ____________________________ qui _________ supportent _________ les compétences d'une femme.

9. Qui s'occupe des enfants quand ils sont petits? Pour nous, il n'y a ___________ problème.

10. On ___________ des modèles tout à fait convenables: Les pères restent à la maison…!

B Die Stellung der Verneinungselemente im Satz

- Als grundsätzliche Regel lässt sich festhalten, dass die Verneinungselemente die Personalform des Verbs umschließen.

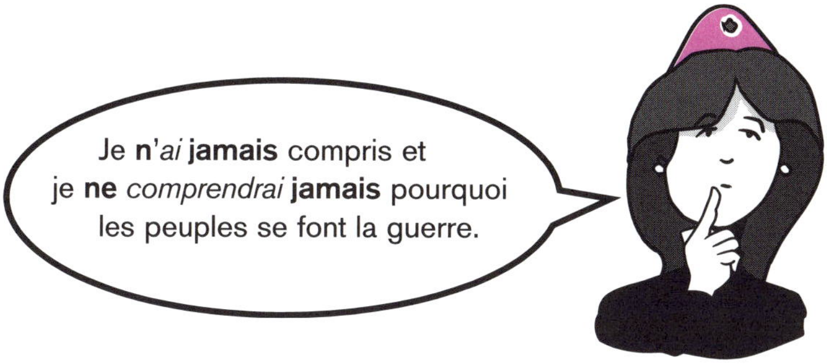

Das Gleiche gilt für das *participe présent* und das *gérondif*.

N'*ayant* **pas** entendu la sonnerie, le professeur a continué son cours.

- Bei den Negationsformeln *ne… pas du tout* oder *ne… plus du tout* gibt es für die zusammengesetzten Zeiten zwei Möglichkeiten:

a) Il **n'***a* **pas du tout** dormi.
pas du tout steht geschlossen rechts von der Personalform

b) Il **n'***a* **pas** dormi **du tout**.
du tout steht allein nach dem *participe passé*

- Bei der Verneinung eines Infinitivs stehen die Verneinungselemente geschlossen vor dem Infinitiv bzw. vor dessen pronominaler Ergänzung.

Je prends des vitamines pour **ne pas** *tomber* malade.
Mon copain prépare un examen. Je reste chez moi pour **ne pas** *le* déranger.

- Die negativen Indefinita *rien, personne, pas un, aucun* können auch die Position des Subjekts einnehmen. In diesem Falle stehen sie verbunden mit dem Verneinungselement *ne* vor dem konjugierten Verb des jeweiligen Satzes.

Personne ne peut expliquer comment le tableau a pu disparaître pendant les heures de visite.

- In bestimmten Situationen kann das Verneinungselement *ne* wegfallen:
  - In Sätzen, die kein Verb haben, werden die indefiniten Pronomen *rien, personne, pas un seul, aucun* nicht durch *ne* begleitet.

    Vous avez entendu quelque chose? – Moi? **Rien!**

  - Wird nur ein Element des Satzes verneint – z. B. ein Adjektiv, Adverb oder ein *participe passé* –, oder handelt es sich um eine Richtigstellung, entfällt ebenfalls das *ne*.

    Nous avons logé dans un hôtel **pas** trop cher.
    Il est vétérinaire et **pas** médecin.

  - In der Umgangssprache, in nicht offizieller Sprechsituation, wird *ne* weggelassen.

    Je sais pas ce qu'il fait.

3 Une femme manager, toujours surchargée de travail, raconte à «Marie-Jeanne», le magazine des femmes actives, comment, exceptionnellement, elle a passé son dernier mercredi.
Voilà les notes de la journaliste. Transformez-les dans des phrases complètes. Complétez la négation et placez-la correctement.

1. Faire / toute la journée / rien.

   Toute la journée, je n'ai rien fait.

2. Dormir depuis trois jours / pas du tout.
3. Mon réveil / ayant mis / pas / rester au lit jusqu'à dix heures.
4. Déranger / le calme de mon petit déjeuner / personne.
5. Fumer / guère / boire des masses de café / pas non plus.
6. Télécopie / mettre en état d'alerte / me / aucune.
7. Au lieu d'aller au golf / se promener / pour / rencontrer des collègues / pas.
8. Manger / à midi / dans un restaurant / cher / pas.
9. Comprendre que / c'est le temps qui rend heureux / l'argent / pas.
10. Le jeudi / vouloir aller au bureau / plus / du tout.

C Die Verneinung durch *ne… ni… ni*

Wenn zwei Satzelemente durch *et* oder *ou* verbunden sind, wird im verneinten Satz daraus *ne… ni… ni*.

- Die Verneinung bezieht sich auf das Subjekt:

La police ne s'est pas expliquée en public et le juge non plus.

Ni la police **ni** le juge **ne**	s'est	expliqué en public.
	se sont	expliqués en public.

- Die Verneinung bezieht sich auf ein direktes Objekt, eine prädikative Ergänzung oder eine adverbiale Bestimmung:

	Il n'a pas entendu le réveil et le téléphone non plus.
	Il **n'**a **pas** entendu le réveil **ni** le téléphone.
oder:	Il **n'**a entendu **ni** le réveil **ni** le téléphone.

- Die Verneinung bezieht sich auf zwei nebengeordnete Verben:

Comme elle est malade	elle **ne** veut **pas** lire son journal **ni** écouter la radio.
oder:	elle **ne** veut **ni** lire son journal **ni** écouter la radio.

- Beim Gebrauch des Artikels im verneinten Satz ist Folgendes zu beachten:

Pour ton anniversaire, je veux bien acheter du champagne et du caviar!

Comme tu n'invites personne,	il **n'**y aura **pas *de*** champagne **ni** de caviar. Partitiv oder unbestimmter Artikel werden durch *de* ersetzt.
oder:	il **n'**y aura **ni** champagne **ni** caviar. Partitiv oder unbestimmter Artikel entfallen.

4 Mettez les phrases suivantes à la forme négative.

1. Il parle italien et espagnol.
2. Sa mère et sa sœur ont pu le convaincre de passer cet examen.
3. Elle a écrit et téléphoné au service d'inscription universitaire.
4. Dans cet appartement, il y a une salle de bains et un vide-ordures (Müllschlucker).
5. Cette photocopieuse peut agrandir et réduire les originaux.
6. Ce jour-là, il faisait beau et chaud.
7. Aujourd'hui, il y avait des fraises et des abricots au marché. (deux solutions)
8. Finalement, la douleur a été calmée par la piqûre et par le gel.
9. Les Français et les Anglais ont accepté la nouvelle réglementation concernant les exportations agricoles.

D Die Einschränkung

- Die Einschränkung des Subjekts:

Seul un hélicoptère / Un hélicoptère **seul** } peut sauver la vie des alpinistes.	**Il n**'y a **qu**'un hélicoptère qui puisse sauver la vie des alpinistes.

seul,e (vor- oder nachgestellt) = **il n'y a que**… *qui + subjonctif* (vgl. Kapitel 3 C)

Beide Konstruktionen sind gleichberechtigt und schränken das Subjekt eines Satzes ein.

- Die Einschränkung anderer Satzglieder:

J'écoute **seulement** de la musique.	=	Je **n**'écoute **que** de la musique.	direktes Objekt
Il pense **seulement** à son sport.	=	Il **ne** pense **qu**'à son sport.	indirektes Objekt
On aura les résultats **seulement** dans trois semaines.	=	On **n**'aura les résultats **que** dans trois semaines.	adv. Bestimmung „erst"
Le village est accessible **seulement** en été.	=	Le village **n**'est accessible **qu**'en été.	„nur"
C'est **seulement** une idée qui m'est venue.	=	Ce **n**'est **qu**'une idée qui m'est venue.	Prädikatsnomen

Seulement = **ne… que**. Beide Einschränkungselemente sind austauschbar; *ne… que* ist häufiger in der gesprochenen Sprache anzutreffen.

- In folgenden Fällen ist die Einschränkung nur durch *seulement* möglich:

– bei Sätzen ohne Verb:	Tu as fait tout le travail? – Non, **seulement** la moitié. (In elliptischen Sätzen ist auch möglich: Non, **que** la moitié.)
– wenn das Objekt ein *que*-Satz ist:	Je demande **seulement** que tu sois rentré à minuit.
– wenn es sich um ein prädikatives Adjektiv handelt:	Il n'avait pas peur, il était **seulement** irrité.

- Zu beachten sind auch folgende Verbindungen:

ne… pas seulement… mais aussi (nicht nur…, sondern auch)	Ce **n**'est **pas seulement** du travail **mais** c'est **aussi** un plaisir.
ne faire que + Infinitiv (nichts anderes tun als)	Quand elle a eu sa grippe, elle **n**'a **fait que** dormir.
n'avoir qu'à + Infinitiv (nur zu tun brauchen)	Il **n'a qu'à** le **dire** s'il n'est pas content.

5 Transformez les phrases en utilisant les expressions de restriction.

Modèle a) = seul,e ou seulement
Modèle b) = ne… que ou il n'y a… que
Modèle x) = C'est à vous de trouver la bonne solution.

1. On trouve ces fleurs au printemps. (b)
2. Le président de la République peut accorder la grâce à quelqu'un qui est condamné à perpétuité (zu einer lebenslänglichen Haftstrafe verurteilt). (a)
3. Il écoute son entraîneur. (a)
4. C'est un regard qui a décidé du sort de Jean Kippelstein dans le film «Au revoir les enfants». (b)
5. Tu dois juste chauffer les pommes de terre. (x) (Tu n'as…)
6. Il a réagi à cette menace. (b)
7. Je dirais qu'il n'est pas méchant, mais qu'il est impatient. (x)
8. Tout ce que je vous demande c'est de remplir le formulaire. (x)

Test

I Trois jeunes tagueurs (Sprayer) arrêtés par la police à la station de métro Barbès-Rochechouart répondent aux questions de l'inspecteur.

1.	Vous venez souvent ici?	Jamais!
2.	Vous avez pensé trouver quelque chose de particulier?	Non. Rien.
3.	Quelqu'un vous a indiqué cet endroit?	Non. Personne!
4.	Vous aimez beaucoup les caricatures?	Non.
5.	Ou peut-être les bandes dessinées?	Non plus!
6.	Vous connaissez d'autres groupes de tagueurs?	Mais non, pas un seul!
7.	Vous faites encore des graffitis sur les murs de l'école?	Non, plus du tout.
8.	Qu'est-ce qui vous a poussé à faire de tels dessins?	Rien.
9.	Qu'est-ce que vos parents vont vous dire?	Rien du tout.
10.	Est-ce que vous allez recommencer?	Non! Plus jamais.

Ecrivez le procès-verbal (Protokoll) de cet interrogatoire:

Paris, le 25 février

1. Les trois jeunes gens expliquent ______________________________ à cette station.
2. D'après eux, ils ____
3. Ils prétendent que ____
4. Ils ____
5. et ____
6. Il y a à peu près trente groupes de tagueurs à Paris, mais ____________________
   ____.
7. Depuis un certain temps, ____
8. Selon eux, ____
9. Ils s'attendent à ce que les parents ____
10. A la fin, ils promettent de ____

| 10 points

II L'école – je m'en fous!!
Traduisez le rapport d'un jeune de 17 ans qui a décidé de ne plus aller au lycée.

1. Ich habe keine Lust mehr, in die Schule zu gehen, weil die Lehrer mich überhaupt nicht verstehen.
2. Niemand kann mir sagen, wozu die Tragödien von Racine nützlich sind (servir à qc).
3. Und dann sehe ich niemals einen Zusammenhang zwischen dem Unterrichtsfach (la matière) und dem wirklichen Leben.
4. Weder der pädagogische Koordinator (le conseiller pédagogique) noch meine Lehrer können mir eine Perspektive zeigen.
5. Kein Lehrer kann mir sagen, warum ich Geschichtsdaten lernen soll.
6. Ich lese viel zu Hause, um nicht den Anschluss zu verlieren (perdre le niveau).
7. Eigentlich (au fond) interessiere ich mich nur für Informatik. (zwei Möglichkeiten)
8. Es gibt eine Schule, nicht zu weit von hier entfernt, die auf verschiedene Informatikberufe (le métier de l'informatique) vorbereitet.
9. Meine Lehrer sagen, dass man in der Informatikbranche (dans le domaine de l'informatique) weder Geld verdienen noch Karriere machen kann.
10. Nur mein Freund, der in der Disco arbeitet, versteht mich. (zwei Möglichkeiten)

| 20 points

6 Das *gérondif* und das Partizip Präsens
Le gérondif et le participe présent

A Das *gerondif*
B Das Partizip Präsens

A Das *gérondif*

- **Die Formen**

Das *gérondif* wird gebildet aus: ***en*** + **Partizip Präsens.**
Das **Partizip Präsens** wird wie folgt gebildet: Stamm der *nous*-Form im Präsens + *ant*.

regarder	⇒	nous regardons	⇒	en regardant
appeler	⇒	nous appelons	⇒	en appelant
finir	⇒	nous finissons	⇒	en finissant
sortir	⇒	nous sortons	⇒	en sortant
descendre	⇒	nous descendons	⇒	en descendant
boire	⇒	nous buvons	⇒	en buvant
recevoir	⇒	nous recevons	⇒	en recevant
commen*cer*	⇒	nous commen*çons*	⇒	en commen*çant*
man*ger*	⇒	nous man*geons*	⇒	en man*geant*

Besonders zu merken sind nur die drei **Ausnahmen**:

être	⇒	en étant
avoir	⇒	en ayant
savoir	⇒	en sachant

Das *gérondif* kann wie ein konjugiertes Verb verneint und durch Objekte und adverbiale Bestimmungen erweitert werden.

En **ne t'**excusant **pas**, tu risques d'avoir de sérieux problèmes.

1 Retrouvez les formes du gérondif des verbes suivants.

dormir en dormant	déjeuner	se renseigner
ne pas vouloir	se servir	envoyer
prolonger	ne pas dire	faire

- **Der Gebrauch**

Das *gérondif* ist eine **nicht konjugierte** Verbform, die sich auf ein konjugiertes Verb bezieht und dieses bezeichnet. Es hat das **gleiche Subjekt** wie dieses Verb. Dies ist eine Grundvoraussetzung zur Anwendung des *gérondif*.

En sortant du supermarché,	**j'** ai rencontré Christine.
Quand **je** suis sorti,	**j'**ai rencontré Christine.
⇓	⇓

gleiches Subjekt

Die Handlung des *gérondif* verläuft **immer gleichzeitig** mit der des Hauptverbs, ganz gleich, in welchem Tempus das Hauptverb steht.

Mit Hilfe des *gérondif* können Sie Folgendes ausdrücken:

die Gleichzeitigkeit zweier Handlungen (deutsche Wiedergabe: als, wobei, indem, während):

Quand j'étais en cinquième, je répétais mes leçons **en faisant** le tout du jardin.	Quand j'étais en cinquième, je répétais mes leçons **pendant que** je faisais le tour du jardin.
Die Gleichzeitigkeit kann durch *tout* hervorgehoben werden: ...**tout en faisant** le tour du jardin.	...je répétais mes leçons **et** je faisais le tour du jardin **en même temps**.

die Art und Weise, wie etwas geschieht, das Mittel, die Ursache (deutsche Wiedergabe: indem, dadurch, dass):

Je les récitais **en m'adressant** à un prof imaginaire.	Je les récitais **ainsi**: je m'adressais à un prof imaginaire.
Agathe a beaucoup maigri **en supprimant** le sucre et le beurre.	Elle a maigri **ainsi/de la manière suivante**: elle a supprimé le sucre et le beurre.

die Bedingungen (deutsche Wiedergabe: falls, wenn, indem):

En partant à sept heures, tu devrais être là à huit heures.	**Si** tu pars à sept heures, tu devrais être là huit heures.
En fumant moins, vous courrez mieux.	**Si** vous fumez moins, vous courrez mieux.

die Konzession, der Gegensatz wird durch *tout* hervorgehoben (obgleich, obwohl):

Tout en rassurant les démocraties, ce gouvernement continue à poursuivre les dissidents.	**Bien qu'**il rassure les démocraties, ce gouvernement…
Tout en travaillant très dur, il n'a pas réussi à son examen.	**Quoiqu'**il ait travaillé très dur, il n'a pas réussi…

Das *gérondif* ist ein beliebtes stilistisches Mittel der gesprochenen und der geschriebenen Sprache. Sie können es zur Verkürzung von Sätzen einsetzen und um Abwechslung im Ausdruck zu erreichen. Allerdings dürfen Sie die Grundvoraussetzung nicht vergessen: *gérondif* und bezeichnetes Verb müssen das gleiche Subjekt haben und gleichzeitige Vorgänge bezeichnen!

2 Toujours la même chanson!
Agathe est encore une fois rentrée très tard.
Le matin, elle n'arrive pas à se lever.
Les reproches de ses parents pleuvent.

Quelles phrases ou groupes prépositionnels peuvent être remplacés par un gérondif? Ecrivez les phrases transformées.

1. Si tu sortais moins, tu te réveillerais à l'heure!
2. Tu risques de ne pas avoir ton bac avec autant de sorties!
3. Et quand tu rentres, essaie de ne pas réveiller toute la maison!
4. Quand tu as claqué la porte, je me suis réveillée et je n'ai pas pu me rendormir.
5. Tu crois qu'on ne t'entend pas quand tu fais marcher le micro-onde à une heure du matin?
6. A quoi bon essayer de la raisonner? Elle n'en fait qu'à sa tête même si elle dit «Oui, papa, oui, maman».
7. Si tu continues à ne pas respecter nos consignes, nous couperons ton argent de poche.
8. Tu nous promets de faire des efforts et nous ne voyons aucun progrès.
9. Ta mère ne peut dormir que lorsqu'elle sait que tu es rentrée!
   Tu vas finir par nous rendre malades!

B Das Partizip Präsens

- **Die Formen**

Das Partizip Präsens ist eine nicht flektierte Verbform, die immer auf *-ant* endet. Es wird wie das *gérondif* von der 1. Person Plural des Präsens abgeleitet, allerdings ohne die Präposition *en*. Genau wie das *gérondif* bleibt das *participe présent* unverändert.

regarder	⇒ nous regardons	⇒ regardant

Das *participe présent* hat wie das *gérondif* nur drei Ausnahmen.

être ⇒ étant	avoir ⇒ ayant	savoir ⇒ sachant

Es kann auch verneint werden.

Ne pouvant **(pas)** me déplacer, je vous prie de me donner un autre rendez-vous.

Im Unterschied zum *gérondif*

– muss das Partizip Präsens eine **Ergänzung** bei sich haben.

Comprenant son erreur, il devint tout rouge.

– kann die **Vorzeitigkeit** durch *ayant / étant* + Partizip Perfekt ausgedrückt werden.

Ayant fait une bonne campagne (Wahlkampf), le candidat de l'opposition pourrait obtenir de bons résultats.
Etant partis très tôt, nous n'avons pas eu de problèmes sur l'autoroute.

Das Partizip mit ***être*** wird natürlich nach dem Subjekt (hier: *nous)* angeglichen.

– Auch eine **Passivkonstruktion** kann im Partizip Präsens stehen.

Etant toujours **muté** dans les quartiers difficiles, l'inspecteur Grégoire a une grande expérience de la délinquance des jeunes.
Mes parents **ayant été mutés** tous les trois ans, j'ai eu une scolarité difficile.

3 Trouvez la forme du participe au **passé composé**.

1. rester	étant resté	6. ne pas s'excuser	
2. répondre		7. ne pas y aller	
3. se diriger		8. s'apercevoir	s'étant ap…
4. réfléchir		9. être arrêté	
5. croire		10. ne pas savoir	

- **Der Gebrauch**

Im Gegensatz zum *gérondif* kann sich das Partizip Präsens auch auf andere Satzglieder des Hauptsatzes beziehen, nicht nur auf das Subjekt.

Dans cette lettre tu trouveras les informations **concernant** ton inscription dans une université française.

Das Partizip Präsens ersetzt eine konjugierte Verbform und verdichtet die Aussage. Es gehört der gehobenen Schriftsprache an und findet sich vor allem in der administrativen Sprache und in literarischen Texten.

4 Transformez les phrases suivantes en employant un participe présent.

1. *Comme* notre fils est malade, je vous serais très reconnaissant de bien vouloir lui faire parvenir les devoirs.
   Notre fils étant malade, je vous serais très reconnaissant de bien vouloir...
2. *Comme* elle s'est cassé la jambe, elle n'a pu participer aux épreuves.
3. J'ai retrouvé une photo de ma tante vers 18 ans *en train de faire* du canoë.
4. Je suis sûr de l'avoir vu *juste comme il garait* sa voiture.
5. *Puisque je suis* dans l'impossibilité de me déplacer, je vous prie de bien vouloir me donner un autre rendez-vous.
6. Nous rencontrions souvent ce vieux monsieur *en train de promener* son chien le long du canal.
7. Les passagers *qui désirent* se rendre à Sark, doivent se présenter au guichet n° 2.

Test

I Qu'est-ce qu'il leur est arrivé (passé) ou qu'est-ce qui leur arrive(ra)? Regardez les dessins et répondez avec le gérondif.

1. Il s'est cassé...

2. J'ai...

3. Elle ______________________

4. Elle ______________________

5. Tu maigriras ______________________

6. Agathe ______________________

Zwei Punkte pro Satz – ein Punkt Abzug pro Fehler.

| 16 points

II Quelles sont les phrases qui peuvent être mises au gérondif? [oui?] [non?]
Ecrivez les phrases qui peuvent être transformées avec un gérondif.

1. Si tu travaillais avec un ordinateur, tu gagnerais du temps. [   ]
2. Je suis arrivée juste comme mes voisins partaient. [   ]
3. Utilisez «Mirix» comme lessive et vous aurez le linge le plus blanc. [   ]
4. Tu penses que quand ils lisent des BD ils apprennent le goût de la lecture? [   ]
5. Comment veux-tu qu'il réussisse? Il fait toujours ses devoirs et regarde des séries américaines à la télé en même temps! [   ]
6. Beaucoup de gens continuent à fumer bien qu'ils sachent que c'est extrêment nocif (schädlich). [   ]

Ein Punkt pro Antwort – ein Punkt pro Umformung.

| 11 points

III Traduisez en employant le gérondif ou le participe présent.

1. Die Polizei hat einen Autofahrer angehalten, der links fuhr (rouler à gauche).
2. Stellenangebot: Versicherung sucht Sekretärin, die englisch spricht.
3. Wenn sie zwei Monate vorher Ihre Reise buchen (réserver), können Sie 50 % sparen.
4. Sie antwortete und wurde ganz rot dabei (rougir).
5. Schließen Sie ab, wenn Sie das Haus verlassen.
6. Obgleich er krank war, ging er zur Arbeit.

Zwei Punkte pro Satz – ein Punkt Abzug pro Fehler.

| 12 points

7 Adverbialsätze und alternative Konstruktionen II *Circonstancielles et constructions alternatives II*

A Konditionale Beziehungen
B Konzessive Beziehungen
C Modale Beziehungen

A Konditionale Beziehungen

Konditionale Beziehungen können durch Konditionalsätze und Konditionalangaben ausgedrückt werden.
Konditionalsätze nennen die **Bedingung**, unter welcher ein Zustand eintritt oder eine Handlung geschieht. Die Bedingung wird im Nebensatz ausgedrückt und die erwartete Folge im Hauptsatz.
Konditionalangaben werden meistens durch Präpositionalgruppen ausgedrückt.

Si son état ne s'améliore pas, nous devrons le conduire à l'hôpital.
Bedingung (Nebensatz) — Folge (Hauptsatz)

Avec une telle grippe, je n'irais pas à l'école.
Konditionalangabe — Folge

- **Der Nebensatz wird durch *si* eingeleitet**

Erinnern Sie sich? Wenn der Konditionalsatz durch *si* eingeleitet wird, bleibt der Hauptsatz im Indikativ. Die Zeiten folgen einem festgelegten Schema. Zur Erinnerung finden Sie hier noch einmal die Zeitentabelle.

***si*-Satz** (nennt die Bedingung)		**Hauptsatz** (nennt die Folge)	
auf Gegenwart oder Zukunft bezogen und erfüllbar (Realis)	*présent*	tatsächlich oder möglich	⇒ *futur* ⇒ *présent* ⇒ *impératif*
auf Gegenwart oder Zukunft bezogen und möglicherweise nicht erfüllbar (Potentialis) oder unerfüllbar (Irrealis)	*imparfait*	unsicher oder unwahrscheinlich oder unmöglich	⇒ *conditionnel I*
auf die Vergangenheit bezogen und unerfüllbar	*plus-que-parfait*	unmöglich	⇒ *conditionnel passé*

S'il **arrive** à l'heure, nous **pourrons** tous partir avec une voiture.
S'il **pleuvait**, tu n'**aurais** pas besoin d'arroser le jardin (Garten sprengen).
S'il **avait commencé** à travailler plus tôt, il **aurait pu** réussir à son examen.

Diese Regeln gelten auch für die **Konjunktionen**, die mit *si* gebildet werden:

même si	(selbst wenn)	+ *imparfait* oder *plus-que-parfait*
sauf si	(außer wenn; es sei denn, dass)	
comme si	(als ob)	

Même si tu me **donnais** 10 000 francs, je n'irais pas travailler dans un bled (Kaff) aussi perdu.
Ils me regardent, **comme s**'ils n'**avaient** jamais **vu** de Noirs dans le métro!

Die Zeitstufen können auch miteinander gekreuzt werden.

Si j'étais riche, je t'aurais déjà aidé.
Si j'avais gagné au loto, je ne passerais sûrement pas mes vacances ici!

1 Si, comme si, même si, sauf si?
Complétez les phrases suivantes avec la conjonction et les temps qui conviennent.

1. ___________ tu me promettais de ne plus recommencer, je ne (pouvoir) ______________________ te croire.
2. Tu te débrouilles (sich anstellen) ___________ tu n'avais jamais travaillé avec une telle machine.
3. ___________ nous avions acheté un plan de Nantes, nous (ne pas se perdre) ______________________ aussi lamentablement (kläglich).
4. Elle était d'une blancheur cadavérique ___________ elle avait vu le diable en personne.
5. J'irai directement à la réunion ___________ tu me (téléphoner) ______________________ pour me dire de passer te prendre (abholen).
6. ___________ l'opposition (gagner) ______________________ les élections, elle aurait du mal à relancer l'économie (Wirtschaft ankurbeln).
7. Je n'ai guère envie de sortir ce soir, ___________ il y a un bon film au cinéma.
8. ___________ ma voiture ne (démarrer = starten) ______________________ pas, je prendrai un taxi.

- **Der Nebensatz steht im Konditional oder im *subjonctif***

Auch folgende Konjunktionen leiten einen Bedingungsatz ein:

vorsichtig geäußerte Bedingung	+ *conditionnel I* oder *II*
au cas où (falls)	**Au cas où** tu ne **pourrais** pas venir, téléphone-moi.
quand bien même (selbst wenn)	**Quand bien même** il **pleuvrait**, le match aurait lieu.
erforderliche Bedingung	+ *subjonctif*
à condition que (unter der Bedingung/Voraussetzung, dass)	Je t'aiderai **à condition que** tu **fasses** des efforts.
pourvu que (unter der Voraussetzung, dass)	Pour le Parlement Européen, tous les citoyens européens pourront voter **pourvu qu**'ils **aient** dix-huit ans.
eingeschränkte Bedingung	+ *subjonctif*
à moins que (ne) (es sei denn, dass)	Nous serons à l'heure **à moins qu**'il (**n'**) y **ait** un embouteillage.

Die Verbform des Hauptsatzes richtet sich nach dem Sinnzusammenhang.

à condition que und *à moins que (ne)* sind nur möglich, wenn Haupt- und Nebensatz verschiedene Subjekte haben. Sonst muss man auf eine Infinitivkonstruktion zurückgreifen.

Tu pourras prendre ma voiture **à condition de ne pas boire** une goutte d'alcool.

2 Transformez les phrases en introduisant au cas où, à condition que, pourvu que, à moins que.
Quels temps et mode faut-il employer?

1. S'il faisait beau, nous irions à la piscine.
2. S'il ne boit pas, je lui prêterai ma voiture. Voilà ma condition.
3. Nous examinerons votre candidature si vous avez les examens nécessaires.
4. Nous vous aiderons volontiers si vous le demandez à temps (rechtzeitig).
5. Demain, tous à la plage, sauf s'il pleut.
6. Si le temps s'améliore, nous resterons encore quelques jours.
7. Il peut être reçu à l'examen s'il travaille beaucoup.
8. Il se baigne seulement quand l'eau fait 25° C.

- **Weitere Mittel, um die Konditionalangabe auszudrücken**

Die Bedingung kann auch mit einer **Präpositionalgruppe** eingeführt werden.

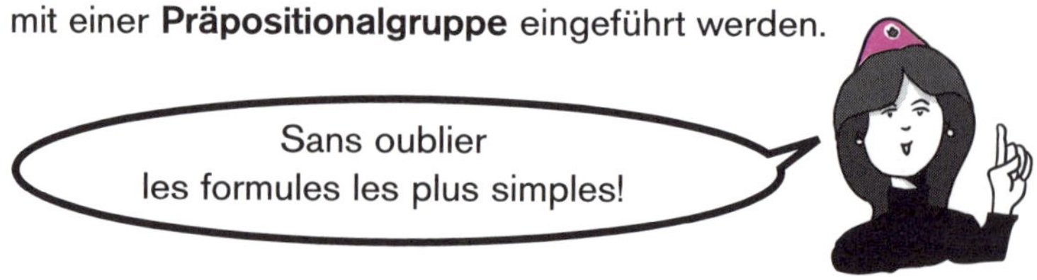

Konditionalangabe ohne Verb ⇒ Präposition + Nomen:

en cas de	+ Nomen ohne Artikel	**En cas d'absence,** sonnez chez le voisin.
sans	+ Nomen ohne Artikel	**Sans papiers** dans Paris, tu risques des ennuis.
avec	+ Nomen	**Avec une telle fièvre**, je ne sortirais pas.

Gleiches Subjekt im Haupt- und Nebensatz ⇒ Präp. + Infinitiv:

à condition de	+ Infinitiv	**A condition de rentrer** à l'heure, tu pourras sortir ce soir.
à moins de	+ Infinitiv	Il viendra **à moins d'être** malade.

Auch das ***gérondif*** und der **Imperativ** können eine Konditionalangabe ausdrücken. (Vergleichen Sie Kapitel 6 A, Seite 74.)

En travaillant davantage, il pourrait améliorer ses résultats en français.
(= S'il travaillait…)
Travaille et tu pourrais améliorer tes résultats.

Die Bedingung und die erwartete Folge können auch durch **Koordinationsadverbien** verbunden werden. Diese Mittel sind in der mündlichen Sprache sehr beliebt.

sinon	(sonst)	Mets un pull, **sinon** tu vas avoir froid.
autrement	(andernfalls; mündlich)	Ferme ton livre, **autrement** la prof va te prendre!
sans ça	(sonst, oder; mündlich)	Avec elle, il ne faut pas chahuter, **sans ça**…

3 Réécrivez les phrases en remplaçant les subordonnées par une préposition et un nom ou une préposition et un infinitif.

1. Si tu m'aides, je réussirai. *Avec ton aide, je réussirai.*
2. Si on n'a pas de volonté, on ne réussit à rien.
3. Si je n'étais pas là, je laisserais un message sur le répondeur.
4. Au cas où le métro ferait grève, nous ne pourrions pas faire le programme prévu.
5. S'ils arrivent à l'heure, ils pourront entrer au Louvre avec nous.
6. Sauf s'il y a un empêchement de dernière minute, nous serons chez vous à midi.

B Konzessive Beziehungen

Konzessivsätze bezeichnen einen Umstand, der **nicht zur erwarteten Folge** führt.

Bien qu'il soit très malade,	le maire s'engage encore beaucoup pour sa commune.
Fakt: die Krankheit des Bürgermeisters	⇒ Erwartung: keine Arbeit für die Gemeinde, jedoch: er arbeitet weiter
Quoique très malade,	le maire s'engage ...
quoique + Adjektiv ⇒ gehobene Sprache	

Die **Einschränkung** *(la restriction)* ist eine Nuance der Konzession.

Robert Dupont est admis en classe supérieure,	**encore qu'il ait** quelques matières en dessous de la moyenne.
Fakt: Robert wird versetzt	Einschränkung durch Hinweis auf schwache Leistung

Bei den Beispielen haben Sie es gesehen: Auf die Konjunktionen, die den Nebensatz einleiten, folgt der *subjonctif*. Folgende Konjunktionen sind aus dem Kapitel über den *subjonctif* bekannt:

bien que + subjonctif	(obgleich, obschon)
quoique + subjonctif	(obgleich, obschon)
encore que	(wenn auch noch)
(Einschränkung nach einer Behauptung; Nebensatz folgt dem Hauptsatz)	

4 Complétez les phrases en employant: bien que ou quoique, encore que, à moins que (ne).

1. Il refuse de démissionner __________________ la presse ait prouvé ses scandales.
2. Chère Madame,
   J'ai l'honneur de vous faire savoir que le comportement de votre fils s'est amélioré ces derniers temps __________________ il soit parfois agité (unruhig) en cours. (style soutenu)
3. ____________________ il ait beaucoup travaillé, il n'a pas réussi à son examen.
4. __________________ tu ne l'aies pas fait exprès (absichtlich), tu dois t'excuser auprès de lui.
5. Je vous propose d'aller au théâtre __________________ vous ne proposiez de faire autre chose.

6. Les prix des ordinateurs ont beaucoup baissé, ____________________ ils soient toujours assez élevés.
7. ________________________ il ait peu dormi, il se sentait en pleine forme.
8. ________________________ jeune, c'est un journaliste très compétent.
9. On pourrait passer par les Vosges, ____________________ on ne s'arrête plus longtemps à Strasbourg.
10. Le voleur est entré ____________________ quelqu'un ne l'entende.

Weitere Nebensätze mit dem *subjonctif*

Die Einschränkung bezieht sich auf **eine Person, einen Sachverhalt, einen Ort:**

qui que + subj. (wer auch [immer])	**Qui que** tu sois, tu dois respecter la loi.
quoi que + subj. (was auch [immer])	**Quoi que** Dédé fasse, sa mère n'est jamais contente.
où que + subj. (wo/wohin auch [immer])	**Où que** tu ailles, je te trouverai.
quel(s)/quelle(s) que + Pronomen + subj.	**Quels qu'**ils soient, il soignait ses patients avec le même dévouement.
quel(s)/quelle(s) que + subj.+ Nomen	**Quelles que** soient leurs opinions, je leur souhaite de réussir.

Diese Redewendungen sollten Sie sich merken:

quoi qu'il arrive = was auch geschehen mag
quoi qu'il en soit = wie dem auch sei

Vorsicht! Verwechseln Sie nicht **quoique** (obschon, obgleich) mit dem gleichlautenden **quoi que** (was auch immer).

Die Einschränkung bezieht sich auf **eine Eigenschaft (Adjektiv oder Adverb):**

si + Adj./Adv. + que + subj.	**Si** riche **qu'**il soit, il devra bien obéir à la loi.
aussi + Adj./Adv. + que + subj.	**Aussi** intelligent **que** vous soyez, vous devez fournir un minimum de travail.
quelque + Adj./Adv. + que (so + Adj./Adv. + Verb + mögen)	Il a une intelligence prodigieuse; il résout les problèmes **quelque** compliqués **qu'**ils soient.

Vielleicht wundern Sie sich über die letzte Konstruktion. Hier ist *quelque* ein Adverb und also unveränderlich.

5 Complétez les phrases suivantes par une des structures indiquées pour exprimer la concession comme par exemple:

quoique/bien que (4x)	à moins que (ne)	aussi... que (2x)	où... que (2x)
quoi... que	qui... que	quelle(s)... que	

1. ________________ encore très faible, il a tenu à nous rendre visite.
2. Les arbres sont déjà en fleurs ________________ le printemps soit encore loin.
3. __________ riche ______ son père soit, je serais étonnée qu'il puisse passer en classe supérieure.
4. Les responsables de crimes contre l'humanité seront poursuivis (verfolgt) ________________ ils se trouvent.
5. Cette prof est une râleuse professionnelle. ________________ nous fassions, elle nous répète que nous sommes des minables (Taugenichts).
6. Nous pensons rester en Normandie ________________ qu'il ne pleuve comme l'an dernier.
7. Il a une nette préférence pour son fils aîné ________________ le second soit beaucoup plus gentil.
8. __________ dur _______ il semble, c'est en fait un homme au cœur généreux.
9. ________________ tu te promènes dans cette ville, tu trouves des traces de la guerre.
10. ________________ il ait l'air décontracté, c'est un garçon très sérieux.
11. Il faut être poli avec toutes les personnes ________________ elles soient.
12. Il faut être poli avec ________________ ce soit.

- **Nebensätze im Indikativ oder Konditional**

même si + indicatif	(oft *imparfait*, aber auch *présent* oder *plus-que-parfait*)	(selbst wenn)
quand bien même +	(meistens) Konditional	(wenn auch, auch wenn)

Je me baigne tous les jours, **même si** l'eau ne fait que 16°. (Konzession und Hypothese)

Quand bien même tu serais le fils du roi, tu devrais respecter le règlement du lycée.

C Modale Beziehungen

Der Modalsatz gibt an, **wie** sich das Geschehen im Hauptsatz vollzieht. Sie können folgende Modalitäten unterscheiden: Vergleich, Art und Weise, Intensität, Mittel, Fehlen eines Umstands, Hinzufügen eines Umstands.

Comme on fait son lit, on se couche.
Il parlait couramment l'allemand, mais il faisait **comme s'**il ne le comprenait pas.
Il est sorti **sans que** ses parents le sachent.
Il est parti **sans** nous dire au revoir. (Beachten Sie: gleiches Subjekt ⟹ Infinitiv)

Mit diesen **Konjunktionen** können Sie einen Modalsatz einleiten:

comme	wie
comme si + imp./plus-que-parf.	als ob
au fur et à mesure que	in dem(selben) Maße wie; je + Komparativ
à mesure que…	je mehr/länger…
dans la mesure où	insofern, als
aussi bien que	ebenso wie
autant que	soviel; (in)soweit
de même que…, de même/ainsi	genauso wie…; so
sans que + subj.	ohne dass
sans compter que	hinzu kommt noch, dass
outre que	außer, dass; abgesehen davon, dass
d'autant plus	umso mehr, als; zumal
plus…, plus…	je mehr…, desto…
moins… moins	je weniger…, desto weniger

Modale Beziehungen, die das Mittel ausdrücken (im Deutschen Adverbialsätze mit *indem*, *dadurch*, *dass*), werden **bei gleichem Subjekt** mit dem ***gérondif*** wiedergegeben (vgl. Kapitel 6 A).

Il a pris congé de nous **en** nous **promettant** de nous inviter bientôt.

6 La révélation (Offenbarung).
Complétez avec les conjonctions suivantes.

	comme	plus…, plus… (2x)	outre que
sans que	comme si	aussi bien que	sans compter que

Dans un livre, Jean Anglade raconte l'histoire d'un jeune garçon de neuf ans, aveugle, auquel les parents ont caché son infirmité (Behinderung).

_________ le temps passait, _________[1] il s'apercevait qu'il n'était pas comme les autres. Pourtant les parents avaient bien joué la comédie. Dans cette famille, on faisait _________ _________[2] les journaux, les lettres, le cinéma n'existaient pas. Les jours, les mois et les années passaient _________[3] les parents prononcent les mots «yeux», «école», «écrire», «lire» et tous les mots qui se rapportent à la vue.
_________ _________[4] on ne prononçait pas certains mots interdits, on remplaçait aussi systématiquement «montrer» et «voir» par «donner» et «rencontrer».
Pourtant, un jour alors que la mère et son fils se promenaient _________[5] ils le faisaient d'habitude, ils «rencontrèrent» une voisine qui allait chercher son fils de six ans à l'école. Elle était très fière, car son petit écrivait déjà _________ _________[6] 'il comptait, _________[7] il semblait aussi être très doué (begabt) pour la musique: il savait déjà «lire» les notes. _________ la voisine parlait, _________[8] l'enfant se mordait les lèvres (Lippen) pour retenir les questions qui le tourmentaient.

7 Transformez les phrases suivantes en employant: à mesure que, d'autant plus que, sans compter que, comme si, sans que, dans la mesure où.

Exemple: Il parle comme un manager expérimenté.
Il parle comme s'il était un manager expérimenté.

1. Il est incompétent. En plus, il est sale.
2. Il est parti et personne ne l'a vu.
3. Plus le temps passait, plus elle oubliait sa peine.
4. Elle avait des succès professionnels, et grâce à eux, elle perdait sa timidité.
5. Les personnages de ce film sont très attachants, et ceci surtout parce qu'il nous ressemblent.
6. Il reste toujours au fond de la classe; il semble avoir peur.

Test

I Traduisez les phrases suivantes.

1. Falls ich nicht zu Hause bleiben sollte, rufe ich dich an. (futur I)
2. Er tat so, als wüsste er von nichts.
3. Je länger ich schlafe, desto müder bin ich.
4. Trotz seiner Krankheit arbeitet er weiter.
5. Obwohl es kalt war, gingen wir jeden Tag spazieren.
6. Er hat die Gruppe verlassen, ohne den Betreuer (responsable) zu benachrichtigen (informer).
7. Er kommt bestimmt, es sei denn...
8. Beeil dich, sonst kommen wir zu spät an! (futur I)

Drei Punkte pro Satz – ein Punkt Abzug pro Fehler.

| 24 points

II Eux et nous.
Un groupe d'élèves du lycée André Malraux prépare un exposé sur l'intégration des étrangers. Ils discutent entre eux.
Complétez avec la conjonction ou le gérondif. Vous pouvez choisir parmi:

quoique, pourtant (2 x), quoi que, sinon, si (3 x), à moins que, plus... plus, en étant, or

1. ________________ ils travaillent, on les accuse de prendre le travail des Français.
2. ________________ ils ne soient au chômage, et alors on les accuse d'être des paresseux qui profitent du système.
3. ________________ ils fassent, ils ont toujours tort.
4. ________________, __________ il y a de cultures différentes, __________ la France devient intéressante.
5. Intéressante, peut-être, mais comment veux-tu intégrer les gens __________ ils refusent nos valeurs (Werte)?
6. Moi, __________ j'allais à l'étranger, j'accepterais les valeurs du pays d'accueil.
7. Pas d'accord! Chacun peut garder sa culture. ________________ différents, on peut vivre ensemble, non? Regarde les Etats-Unis.

8. Non, je suis pour une assimilation totale, ________________ la logique de la différence conduit tout simplement à l'indifférence.
9. Justement, puisqu'on parle des Etats Unis ... On parle toujours de leur «melting pot», ________________, en fait, il y a dix fois moins de mariages mixtes qu'en France.
10. Possible, ________________ je crois qu'on peut garder sa culture d'origine tout ________________ intégré dans son pays d'accueil.

- Bon, d'accord, on met nos arguments en ordre. Et pour l'introduction?
- On pourrait faire un dessin comme Plantu et le montrer avec un rétroprojecteur (Tageslicht-Projektor). Moi, je verrai bien une Marianne bien noir, bien négroïde avec la Marseillaise sur un rythme de reggae!

| 13 points

8 Adverbialsätze und alternative Konstruktionen III
Circonstancielles et constructions alternatives III

A Temporale Beziehungen mit Temporalsatz
B Temporale Beziehungen mit alternativen Konstruktionen

A Temporale Beziehungen mit Temporalsatz

Temporalsätze setzen zwei Ereignisse oder Tatbestände in einen zeitlichen Bezug zueinander; dabei weist die einleitende Konjunktion auf die zeitliche Reihenfolge bzw. die Gleichzeitigkeit der genannten Ereignisse oder Tatbestände hin.

Der [Temporalsatz] legt die → [Hauptaussage] zeitlich fest.

[*Depuis que* Michel est avec moi,] → [les relations entre nos deux pays se sont améliorées.]

Die *Konjunktion* weist auf das **Zeitverhältnis** zwischen den beiden genannten Ereignissen oder Tatbeständen hin.

Sie kennen die drei möglichen Zeitverhältnisse: Vorzeitigkeit, Gleichzeitigkeit und Nachzeitigkeit.

Hauptaussage (H) liegt zeitlich **vor** der Aussage im Temporalsatz (T):

a) ohne Bezugnahme auf den Ablauf zwischen (H) und (T)	Je prépare le repas **avant qu'**il rentre. (subj.)	bevor
b) mit Hinweis auf die unmittelbare Abfolge von (H) und (T)	Je regarde la télé **jusqu'à ce qu'**il rentre. Je lis le journal **en attendant qu'**il rentre.	(so lange) bis (in der Zeit) bis

Hauptaussage und Aussage im Temporalsatz sind **gleichzeitig**:

a) mit teilweise zeitlicher Übereinstimmung	Il prépare le petit déjeuner **quand** je me lève. J'ai mangé au lit **lorsque** j'étais malade. Il a sonné **juste comme** elle était sous la douche. On a sonné à la porte **au moment où** j'allais me coucher.	(jedes Mal) wenn als gerade als in dem Augenblick als
b) mit völliger zeitlicher Übereinstimmung	Elle faisait de la gym **pendant que** son copain jouait au basket. Tu peux rester chez nous **tant que** tu voudras. auch: ...**aussi longtemps que**...	während so lange wie
c) mit völliger zeitlicher Überstimmung und gegensätzlichem Sinn	Elle faisait de la gym **tandis que** son copain jouait au basket.	während

Die Hauptaussage liegt zeitlich **nach** der Aussage im Temporalsatz:

a) ohne Bezugnahme auf den Abstand zwischen (T) und (H)	On ne pouvait plus reculer **après que** la décision avait été prise.	nachdem
b) mit Hinweis auf die unmittelbare Abfolge von (T) und (H)	Elle se lève plus tôt **depuis qu'**elle a commencé à travailler. Elle écoute son répondeur **aussitôt qu'**elle rentre. **dès qu'**elle rentre.	seit, seitdem sobald

1 Être bonne (Hausgehilfin) – un métier dangereux?
Comme chaque mercredi, Monsieur et Madame de la Mole sont allés au théâtre. Mathilde, la bonne, est restée à la maison. Le cambrioleur connaissait bien les habitudes de cette famille. Pourtant, il n'a pas eu de chance...!
Maintenant, Mathilde raconte au commissaire ce qui s'est passé.
Reconstituez les phrases en utilisant la conjonction demandée par le contexte.

1. Ce soir, j'aurais pu regarder la télé	A) j'ai ouvert la porte de la salle de bains	a) avant que
2. Mais je m'endors toujours	B) j'aie compris ce qui se passe	b) lorsque

3. J'avais donc l'intention de repasser tout le linge en regardant la télé	C) j'essayais de me libérer	c) dès que
4. Tout à coup, un bruit s'est fait entendre	D) monsieur et madame soient rentrés	d) tant que

5. Et alors pour un moment, le faisceau d'une torche (der Strahl einer Taschenlampe) m'a aveuglée	E) je suis arrivée à déclencer le système d'alarme	e) pendant que

6. Un homme m'a attachée à une chaise	F) le gangster était parti	f) Au moment où
7. Le cambrioleur a commencé à fouiller partout	G) je préparais encore le linge à repasser	g) dès que
8. Il ouvrait tous les tiroirs	H) j'aurais voulu	h) juste comme

9. Il était tout près du coffre-fort	I) je suis assise devant la télé	i) jusqu'à ce que
10. J'ai pu me libérer complètement	J) je ne pouvais ni bouger ni crier	j) aussitôt que

Exemple: 1. + H) + d)

Ce soir, j'aurais pu regarder la télé tant que j'aurais voulu.

B Temporale Beziehungen mit alternativen Konstruktionen

Unter bestimmten Bedingungen kann der temporale Adverbialsatz durch

a) eine Infinitivkonstruktion,
b) ein *gérondif,*
c) eine Nominalkonstruktion

ersetzt werden. Diese Konstruktionen sind in der Regel kürzer und stilistisch eleganter als die Adverbialsätze.

a) Bei Temporalsätzen mit den Konjunktionen *avant que* und *après que* ist die **Infinitivkonstruktion** möglich. Sie ist stilistisch erforderlich, wenn das Subjekt des Hauptsatzes dem des Nebensatzes entspricht (vgl. auch «Besser in Französisch. Grammatik 9./10. Schuljahr», S. 37 ff.).

Elle exerce déjà ces fonctions **avant qu'***elle* soit nommée directrice.
gleiches Subjekt ⇒ avant + de + infinitif
Elle exerce déjà ces fonctions **avant d'**être nommée directrice.

Pierre a obtenu ce poste **après qu'***il* a passé un concours.
gleiches Subjekt ⇒ après + infinitif du passé
Pierre a obtenu ce poste **après avoir passé** un concours.

b) Das ***gérondif*** kann nur dann an die Stelle eines Temporalsatzes treten, wenn dessen Subjekt mit dem des Hauptsatzes identisch ist **und** wenn die Handlungen bzw. Tatbestände von Temporal- und Hauptsatz gleichzeitig sind (vgl. Kapitel 6 A).

Quand *je* suis sorti du supermarché, *j'*ai rencontré Christiane.
gleiches Subjekt
gleichzeitige Handlungen

En sortant du supermarché, j'ai rencontré Christiane.

c) Die **Nominalkonstruktion** ist möglich unter der Voraussetzung, dass das Verb des Adverbialsatzes durch ein Nomen ersetzt werden kann (z. B.: rentrer ⇒ la rentrée, retourner ⇒ le retour).
Das jeweilige Subjekt des Temporalsatzes geht bei der Umwandlung in die Nominalkonstruktion nicht verloren.

Dès la rentrée de ma sœur les disputes se poursuivent. (= Attribut)
Sophie est restée à Paris **jusqu'à la fin** du travail de son mari. (= Attribut einer Ergänzung)
Depuis son **retour** à Berlin elle ne parle que français. (= Possessivbegleiter)

Bei der Umwandlung eines Adverbialsatzes in eine Nominalkonstruktion tritt an die Stelle der Konjunktion eine entsprechende **Präposition**.

2 Transformez les phrases suivantes en circonstancielles **et** en constructions alternatives si c'est possible.

1. Sandrine s'intéresse à l'informatique. Elle a rencontré un jeune informaticien.

depuis que
depuis

2. Ils sont partis en vacances. La voisine est venue chercher toutes les plantes pour pouvoir les arroser.

avant
avant que

3. L'exposition «Expo-Langue» sera ouverte dans deux semaines. Le ministre de l'Education nationale prononcera un discours à propos de l'apprentissage des langues étrangères. — lors de

4. C'est difficile d'avoir des jumeaux. Mon mari prépare les bouteilles. Moi, je leur change les pampers. — pendant que

5. Tu ne peux pas sortir. Tu n'auras pas encore terminé tes devoirs. — tant que

6. Sa femme est morte. Il a commencé à boire. — après / après que

7. L'avion a décollé. A ce moment-là, la bombe a explosé. — au moment où / au moment de

8. Il est monté dans l'avion. A ce moment-là, il a remarqué qu'il était sans passeport. — en

9. L'Etat lui paie une bourse. Elle aura fini ses études dans deux ans. — jusqu'à ce que / jusqu'à

Test

I Voilà un recueil de fautes et de maladresses stylistiques qu'on peut trouver dans des copies d'élèves. C'est à vous de les relever et de les corriger. Marquez les fautes par un «f», et les maladresses par un «m».

1. Le narrateur s'endort sur le sable du désert après qu'il a essayé de réparer le moteur de son avion. m ____________________
2. Le petit prince pose beaucoup de questions pendant la réparation du moteur par le pilote. ____________________
3. Il a quitté sa planète au moment de sa rose est tombée amoureuse de lui. ____________________
4. Il a ramoné ses volcans avant qu'il ne soit parti. ____________________

5. Après le roi n'a pas voulu ordonner un coucher de soleil, le petit prince est déçu.
6. Le vaniteux croit recevoir la visite d'un admirateur tant qu'il aperçoit le petit prince.
7. Le petit prince insiste sur ses questions jusqu'à ce que le narrateur comprend la gravité du problème.
8. Lorsque sa visite chez le businessman, le petit prince se rend compte que les grandes personnes ne sont pas sérieuses.
9. Depuis qu'il est arrivé sur terre, le petit prince s'est mis à la recherche des hommes.
10. Avant il repart pour sa planète, il fait un cadeau au pilote.

| 10 points

II Fait divers: Un chat – ça se lave à combien de degré?
Transformez les phrases en circonstancielles de temps ou en infinitifs.

	pendant que	dès que/aussitôt que	après que	jusqu'à ce que	
lorsque (2x)	avant de	au moment où	tandis que	après	juste comme

1. Il y a trois semaines, Janine l'a quitté. Alexis s'est acheté un chat, Clochard, qui déteste le bain.
2. Un jour, il lui dit: «Moi, je vais te laver dans la baignoire. En même temps, la machine s'occupera du linge.»
3. Il ne ferme pas encore la machine. D'abord, il va chercher un jean dans la chambre.
4. Après, il revient dans la salle de bains. Mais il ne retrouve plus Clochard.
5. «Ça alors, tu entends le mot bain et tu te caches aussitôt.»
6. Il met la machine en marche. A ce moment-là, le téléphone sonne.
7. Il parle à son copain. Et soudain, il entend un bruit étrange, presqu'un miaulement étouffé.
8. Il raccroche et c'est là qu'il comprend ce qui s'est passé.
9. Il est sorti de la salle de bains pour aller chercher son jean. Pendant ce temps, Clochard a sauté dans la machine.
10. Il y a quelques minutes d'angoisse terrible. Enfin, il peut ouvrir la machine et libérer Clochard de sa prison.
11. Heureux, il prend son chat dans ses bras. C'est alors qu'on sonne à la porte … C'est Janine!

11 points

9 Das historische Perfekt
Le passé simple

Après avoir travaillé six jours et six nuits, Dieu **s'assit** sur le bord de la lune et **contempla** son œuvre. La terre dansait sagement autour du soleil qui l'éclairait par quartier. Ce spectacle lui **plut** et content de lui, Dieu **décida** de dormir un peu.

Mit dem *passé simple* lernen Sie eine neue Zeit der Vergangenheit kennen, die ausschließlich in der Erzählung vorkommt.

A Die Formen

Verben auf **-er** chanter	Verben auf **-ir** finir	Verben auf **-re** répondre	Verben auf **-oir** vouloir
je chantai tu chantas il chanta	je finis tu finis il finit	je répondis tu répondis il répondit	je voulus tu voulus il voulut
nous chantâmes vous chantâtes ils chantèrent	nous finîmes vous finîtes ils finirent	nous répondîmes vous répondîtes ils répondirent	nous voulûmes vous voulûtes ils voulurent
Ebenso: je regardai j'allai j'achetai j'appelai	je réfléchis je partis je dormis j'offris	j'attendis je descendis je perdis je battis	il fallut je valus

Sieht man von der 1. und 3. Person Singular der Verben auf **-er** ab, so sind die Personalendungen hinter den Vokalen in allen vier Gruppen gleich. Allerdings verwendet man das *passé simple* **fast nur in der 3. Person**. Für die unregelmäßigen Formen werden wir uns deshalb auf diese Personen beschränken.

Für die große Gruppe der **Verben auf -er** gibt es keine Ausnahmen. Zu beachten ist nur die Schreibung bei den Verben auf **-ger** und **-cer**:

il mangea	ils mangèrent
il commença	ils commencèrent

Unregelmäßige Formen:

être	il fut	ils furent
avoir	il eut	ils eurent
mourir	il mourut	ils moururent
faire	il fit	ils firent
voir	il vit	ils virent
naître	il naquit	ils naquirent
vaincre	il vainquit	ils vainquirent
venir	il vint	ils vinrent
tenir	il tint	ils tinrent

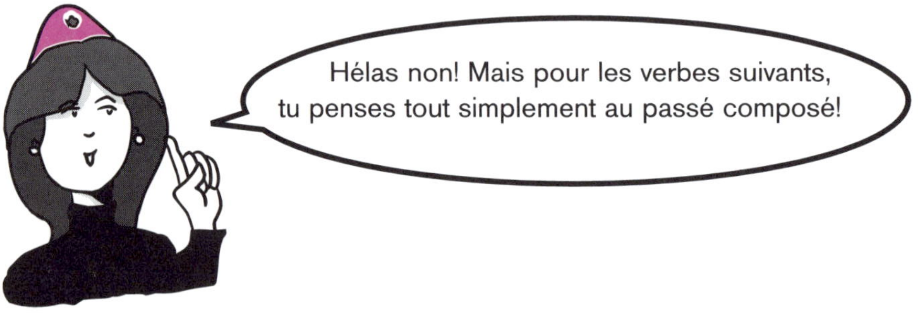

Unregelmäßige Formen auf -it/-irent:

	passé composé	passé simple	
mettre	j'ai mis	il mit	ils mirent
dire	j'ai dit	il dit	ils dirent
prendre	j'ai pris	il prit	ils prirent
rire	j'ai ri	il rit	ils rirent
s'asseoir	je me suis assis	il s'assit	ils s'assirent
suffire	il a suffi	il suffit	ils suffirent
acquérir	il a acquis	il acquit	ils acquirent
conquérir	il a conquis	il conquit	ils conquirent

Unregelmäßige Formen auf -ut/-urent:

courir	il courut		
lire	il lut	Ebenso:	
connaître	il connut	paraître	il parut
plaire	il plut		
boire	il but	croire	il crut
vouloir	il voulut	pouvoir	il put
devoir	il dut		
savoir	il sut		
falloir	il fallut	pleuvoir	il plut
apercevoir	il aperçut	recevoir	il reçut
vivre	il vécut		
conclure	il conclut		

Weitere unregelmäßige Formen auf -it/-irent:

conduire	il conduisit	construire	il construisit
produire	il produisit	détruire	il détruisit
écrire	il écrivit	suivre	il suivit
atteindre	il atteignit	peindre	il peignit

Aufgepasst! Bei den Verben *dire, rire, suffire* und den Verben vom Typ *finir* kann im Singular nur der Kontext Aufschluss darüber geben, ob es sich um ein Präsens oder ein *passé simple* handelt. Bei *„il plut"* kann nur der Zusammenhang entscheiden, ob es sich um „es regnete" oder „er gefiel" handelt.

1 Mettez les verbes suivants au passé simple.

1. Perdue dans ses souvenirs la vieille dame n'entend pas les légers grincements du plancher (Fußboden).
2. Puis, tout va très vite.
3. Une main gantée s'abat sur son visage.
4. Une de ses dernières sensations est une odeur bien définissable de camphre et de chloroforme tandis que ses jambes fléchissent (nachgeben).
5. Une peur venue de très loin mais très précise l'envahit.
6. A peine voit-elle encore une ombre masquée se pencher au dessus-d'elle.
7. Puis elle tombe dans le néant.

B Der Gebrauch

Das *passé simple* wird fast nur in der **Schriftsprache** benutzt, und zwar nur in Texten, die keinen direkten Bezug zur Sprechsituation herstellen wollen, wie z. B. in **Erzählungen, Romanen, Märchen, Erlebnisberichten** und manchmal Zeitungsnachrichten. Das *passé simple* wird dann anstelle des *passé composé* gebraucht. Es stellt wie das *passé composé* Situationen und Vorgänge dar, deren **Anfang und Ende** als **klar begrenzt** angesehen werden, außerdem **Handlungen und neu eintretende Ereignisse**, also in der Regel Geschehnisse, die **im Vordergrund der Erzählung** stehen.

Demgegenüber wird das *imparfait* in Texten gebraucht, die in direkter Beziehung zur Sprechsituation stehen, und um Situationen und Handlungen darzustellen, deren Anfang und Ende keine Rolle spielen. Das *imparfait* wird auch gebraucht für Geschehnisse, die sich regelmäßig wiederholen.

La campagne **s'écrasait** sous la chaleur torride de juillet quand un éclair **sillonna** (durchziehen) le ciel.
Perdue dans ses pensées, elle **se dirigeait** vers son train de banlieue quand son attention **fut attirée** par les gros titres des journaux: GRÈVE GÉNÉRALE DES TRANSPORTS!

Vergleichen Sie jetzt mit der Darstellung desselben Ereignisses, wie es von einer beteiligten Person berichtet wird.

Figure-toi que ce matin, alors que je **me dirigeais** vers mon train de 7 heures pour Saint Lazarre, je **me suis aperçue** compte en chemin qu'il y **avait** une grève générale dans les transports! Et dire que je l'**avais** complètement oublié!

Mit dem **passé simple** tritt der Autor in den Hintergrund und berichtet neutral, ohne den Leser in das Geschehen einzubeziehen.

Au début de son exil, notre tante nous **écrivit** de temps en temps d'Amérique, puis, de plus en plus rarement.

2 Le lapen çovache.
La classe de Mme Jeannière n'est pas très bonne en orthographe, et pour consoler ses élèves (trösten), elle leur raconte les premiers contacts de Sartre avec l'orthographe: Charles Schweitzer voit dans son petit-fils Jean Paul Sartre un génie précoce et l'inscrit très jeune au lycée. Mais rien ne se passe comme prévu...

Un matin, il l'**a emmené**[1] chez le proviseur qu'il connaissait et lui **a vanté**[2] (gepriesen) les mérites de l'enfant prodige (Wunderkind). On l'**a** donc **fait**[3] entrer en huitième (Klassenstufe) et Sartre **a pu**[4] croire qu'il allait enfin pouvoir faire la connaissance d'enfants de son âge. Mais non: après la première dictée, le grand-père **a été convoqué**[5] par l'administration. Il **est revenu**[6] de cet entretien en grande colère, **a tiré**[7] de sa serviette une feuille couverte de gribouillis (Gekrakel) et l'**a jetée**[8] sur la table. C'était la copie de la dictée que Jean-Paul Sartre avait remise: «Le lapen çovache ême le ten.»* Devant ces lignes, la mère de Sartre **a été prise**[9] d'un violent fou rire, mais le grand-père l'**a arrêtée**[10] d'un regard terrible.
(D'après «Les Mots» de Jean-Paul Sartre.)

* Es soll heißen: Le lapin sauvage aime le thym.

Im Original zeigt der Autor dieses autobiographischen Textes, Jean-Paul Sartre, durch die Wahl des *passé simple*, dass er seine Kindheit aus der Distanz betrachtet. Versuchen Sie nun das Original wiederzufinden, indem Sie dieses Erlebnis aus der Sicht des Kindes wiedergeben. Benutzen Sie dabei das *passé simple*. Vergessen Sie nicht, die Pronomen sowie die Possessivbegleiter zu verändern.

1. il m'emmena ...

3 Foulards et kippas.
In den französischen öffentlichen Schulen gilt ein striktes Neutralitätsgebot in Bezug auf Politik und Religion. Das demonstrative Bekennen zu einer Religion ist untersagt. Dazu gehört, nach französischer Auffassung, das Tragen des „islamischen Tuches" für moslemische Mädchen. Es kommt daher oft zu Konflikten, die für die Mädchen bis zum Ausschluss aus der Schule führen können.
Entscheiden Sie, wann welche Zeitform eingesetzt wird: *imparfait, passé simple* oder *plus-que-parfait*.

Deux beurettes (Mädchen der 2. Generation, deren Eltern aus dem Maghreb kommen), Meryem et Khalida, ont été renvoyées du lycée Malraux pour avoir refusé d'enlever leur «foulard islamique». Djamilah est partagée entre la tristesse et la révolte, même si elle ne croit pas.

Diamilah (jette) ____________________[1] un dernier coup d'œil dans la glace qui lui (renvoie) ____________________[2] une image flatteuse (schmeichelhaft): un joli visage, franc, intelligent, bien sage avec les cheveux soigneusement (sorgfältig) tirés vers l'arrière. Devant tant de privilèges de la nature, Djamilah (se sent) ____________________[3] prise en faute (fühlt sich ertappt) et (fronce)

__________________[4] les sourcils devant ce flagrant délit de vanité (Eitelkeit).

Une crispation (Krampf) lui (serre) __________________[5] la poitrine. Elle (se répète) ____________________[6] qu'elle (fait) ____________________[7] des gestes d'une grande banalité qui ne devraient pas l'impressionner. Et pourtant, ce jour n'(est) pas __________________[8] un jour comme les autres. Djamilah a décidé __________________[9] de mettre le foulard, de le garder toute la journée, même au lycée, comme Meryem et Khalida, exclues (ausgeschlossen) des cours pour «port du foulard islamique» comme les médias et la direction du lycée l'(appellent) __________________[10]. Lentement, elle le (déplie) __________________[11], le (regarde) __________________[12] longuement. De drôles de couleurs, ce marron, ce vert, non, ça ne (va) __________________[13] vraiment pas avec son jean. Encore une fois, elle (se sent) prise __________________[14] en flagrant délit de coquetterie (Eitelkeit). D'un geste nerveux, presque expiatoire (wie als Buße), elle (entoure) __________________[15] son visage du tissu démodé et c'(est)

__________________[16] une autre Djamilah qui lui (apparaît) __________________[17] maintenant, de… là-bas, Blida ou Mostaganem…

Pendant le trajet jusqu'au lycée, ses mains (tremblent) ____________________[18] tant elle (s'inquiète) ____________________[19] des réactions de ses camarades et de ses profs.

Mais que (voit)-elle ____________________[20] devant le lycée? Une trentaine d'élèves de terminale, qui (portent) ______________________[21] soit un foulard soit une kippa, (protestent) __________________[22] en silence avec des panneaux: «Laïcité = liberté!»

Test

I Un passé pas toujours simple.
Ces années-là, ça vous dit quelque chose? Mettez les phrases suivantes au passé simple.

C'est en France que pour la première fois en 1792 un peuple condamne[1] son souverain à mort. On construit[2] la tour Eiffel en 1889 pour fêter le centenaire de la Révolution. Le 14 juillet 1989, le président Mitterrand inaugure[3] (einweihen) l'Arche de la Défense pour commémorer le bicentenaire de la Révolution.

En 1989, le mur de Berlin tombe[4], les Allemands de l'Ouest découvrent[5] leurs frères de l'Est, les baptisent[6] (taufen) généreusement «Ossis» et pour quelques mois les Terriens peuvent rêver[7] d'un monde meilleur.

En 1994, on voit[8] plusieurs manifestations bien françaises: d'abord le cinquantième anniversaire du débarquement allié sur les plages de la Normandie est fêté[9] avec émotion, puis pour la première fois des soldats européens défilent[10] (marschieren) sur les Champs-Elysées en compagnie de soldats français.

| 10 points

II En souvenir des Turcs.
a) Lisez le texte suivant et mettez les verbes au passé simple et/ou à l'imparfait.
b) Inspirez-vous de ce texte et écrivez une légende sous les images.

Les croissants sont-ils vraiment français? La question n'est pas inutile. En fait, ils ~~*sont inventés*~~ ____________________[1] à Vienne en 1689 en souvenir des Turcs.

En 1689, ceux-ci *assiègent* (belagern) ____________________[2] Vienne et les Autrichiens *résistent* (widerstehen) ____________________[3] vaillamment.

Pour atteindre le cœur de la ville, les Turcs *imaginent* ____________________[4] de creuser la nuit des galeries souterraines (unterirdisch). Mais les boulangers, qui *travaillent* ____________________[5] eux aussi la nuit, les *entendent* ____________________[6], *donnent* ____________________[7] l'alarme et *sauvent* ____________________[8] la ville. En récompense et pour rappeler cet évènement, ils *reçoivent* ____________________[9] le privilège de fabriquer une pâtisserie en forme de ces croissants qui *ornent* ____________________[10] (schmücken) les drapeaux (Fahnen) turcs.

| 10 points

6 points

10 Der Gebrauch der Zeiten: eine Übersicht*

A Die Zeiten in der Standardsprache *(discours)*
B Die Zeiten in erzählenden Texten der Schriftsprache *(récit)*
C Der Wechsel der Sprecherperspektive und die Änderung der adverbialen Bestimmungen von Zeit und Ort

A Die Zeiten in der Standardsprache *(discours)*

In der Standardsprache, d. h. in der gesprochenen Sprache und in vielen Textsorten der geschriebenen Sprache (in Briefen, Zeitungsmeldungen, Erlebnisberichten, zeitgenössischen Erzählungen), wird das Zeitgefüge durch die enge **Beziehung zur Sprechsituation** bestimmt. Das *présent* ist daher meistens die Bezugszeit der Gliedsätze. Betrachten Sie zunächst das Zeitgefüge in den einzelnen Gliedsätzen.

- **Übersicht über das Zeitgefüge in den Gliedsätzen des *discours***

Hauptsatz: *présent* (Sprechzeitpunkt = Bezugszeit d. Gliedsätze)	Gliedsatz	Beziehung zum Sprechzeitpunkt
Je constate	que vous arrivez encore en retard.	gleichzeitig: *présent*
Je me demande	s'il est bien arrivé.	vorzeitig: *passé composé*
Il est évident	qu'ils partiront demain.	nachzeitig: *futur I*
Je suis sûre	qu'ils seront arrivés ce soir.	vorzeitig in Bezug auf einen zukünftigen Zeitpunkt: *futur II*
Je pense	qu'il était déjà parti à notre arrivée.	vorzeitig: *plus-que-parfait*
J'ignore	s'il était chez lui.	vorzeitig: *imparfait*

Auch wenn im Hauptsatz das ***futur*** steht, stehen in den Gliedsätzen dieselben Zeiten wie nach einem Verb im *présent.*

Steht dagegen im Hauptsatz ein Verb in der **Vergangenheit**, so bezieht sich das Verb des Gliedsatzes meistens nicht auf das Tempus des Hauptsatzes. Vergleichen Sie:

* Dieses Thema ist an sich sehr komplex und kann nicht auf wenigen Seiten behandelt werden. Deshalb wird hier nur eine pragmatische Übersicht angeboten.

Hauptsatz in der Vergangenheit (der Sprechzeitpunkt liegt nach der Bezugszeit d. Gliedsätze)	Gliedsatz	Beziehung zum Sprechzeitpunkt
J'ai compris	qu'il me mentait.	gleichzeitig: *imparfait*
J'ai compris	qu'il était déjà parti.	vorzeitig: *plus-que-parfait*
Il était évident	que la marine française s'emparerait du bateau de Greenpeace.	nachzeitig: *conditionnel I*
Je n'ai jamais vraiment cru	qu'il serait déjà parti à notre arrivée.	vorzeitig in Bezug auf einen zukünftigen Zeitpunkt: *conditionnel II*

Allerdings sollte man sich davor hüten, diese Tabelle automatisch umzusetzen. Entscheidend ist immer der **inhaltliche Zusammenhang**.

Hauptsatz in der Vergangenheit	Gliedsatz	Beziehung zum Geschehen des Hauptsatzes
Galiléi avait prouvé	que la terre tourne autour du soleil.	allgemeine Wahrheit: *présent*
Je t'ai dit	que Daniel a été reçu à son examen?	vorzeitig, Bezug zur Gegenwart wird hervorgehoben: *passé composé*
On ne vous a pas annoncé	que je partirai demain?	nachzeitig, Tatsache ist gesichert: *futur I*
Le garagiste m'a promis	qu'il aura terminé ma voiture pour midi.	nachzeitig, Vorgang wird bis zu einem bestimmten Zeitpunkt abgeschlossen sein: *futur II*

Umgekehrt kann nach einem Hauptsatz im *présent* ein *imparfait* im Gliedsatz stehen, um eine bereits im Verlauf befindliche Handlung darzustellen.

Je me souviens qu'il **manquait** souvent à l'école.

• Übersichtstabelle über die Zeiten im *discours*

Betrachten Sie nun die einzelnen Gliedsätze im Textzusammenhang.

Rückschau ⇐	Neutrale Perspektive: Sprechsituationen und Geschehen stimmen überein. ⇓	Vorausschau ⇒	Rückschau in Bezug auf einen zukünftigen Zeitpunkt ⇒⇒⇒
passé composé *plus-que-parfait* *imparfait*	*présent*	*présent* *futur*	*futur antérieur (II)*
Hier, j'ai enfin pu m'inscrire à l'université. J'y étais déjà allé avant-hier, mais tout était fermé.	Ma première impression est bonne. Hélas, je n'ai toujours pas de studio.	Demain, je m'adresserai à une agence.	D'ici une semaine, tous mes problèmes seront réglés.

1 Les pionniers de l'Eurostar.
Ils ont fait partie du premier voyage de l'Eurostar. Voici leurs impressions.
Quel temps faut-il mettre? Rayez les temps qui ne conviennent pas.

1. L'Eurostar, c'est super! Je n'étais encore jamais allée à Londres / Je ne suis encore jamais allée à Londres / Je n'allai encore jamais à Londres, et je suis enthousiasmée par un voyage de trois heures seulement.

2. Moi, je prenais / j'ai pris / j'avais pris l'Eurostar ce matin. Depuis la construction du tunnel, je faisais / je fis / j'ai fait des économies pour réaliser ce vieux rêve.

3. Formidable! Nous garderions / garderons / aurons gardé toujours une impression extraordinaire!

4. C'est fantastique, mais vraiment trop cher pour une famille. Enfin, c'est un cadeau que nous faisons aux enfants parce qu'ils ont réussi / avaient réussi / réussirent leurs examens...

5. Paris-Londres en trois heures, c'est aussi bien que l'avion que j'ai détesté / je déteste / je détestais.
Tenez, j'étais parti / je suis parti / je partis ce matin à huit heures de chez moi et je sais que je serai rentré / je suis rentré / je rentrerai chez moi ce soir à huit heures.

6. Moi, je recommencerai / je recommencerais / je recommence volontiers, mais qu'est-ce que c'est cher!

7. J'avais trouvé / j'ai trouvé / je trouvai très impressionnant le moment où le train était entré / est entré / entra dans le tunnel.

8. C'est un grand jour. Depuis ce matin, l'Angleterre ne sera plus / n'est plus / n'était plus une île.

B Die Zeiten in erzählenden Texten der Schriftsprache *(récit)*

In der Schriftsprache dagegen finden wir oft Texte, die nicht auf die Sprechsituation bezogen sind, sondern auf **Fakten der Vergangenheit**, und zu denen der Schreiber **keinen persönlichen Bezug** herstellen will (Romane, Novellen, historische Berichte, manche Zeitungsberichte, Märchen). In solchen Textsorten finden Sie folgende Zeiten als **Bezugszeit**: das ***passé simple*** und das ***imparfait***. Dementsprechend verschieben sich die Zeiten für die Rück- und Vorausschau.

- **Übersichtstabelle über die Zeiten in der Erzählung**

Rückschau ⇐	Neutrale Perspektive ⇓	Vorausschau ⇒	Rückschau in Bezug auf einen zukünftigen Zeitpunkt ⇒⇒⇒
plus-que-parfait *imparfait*	*passé simple* *imparfait*	*conditionnel*	*conditionnel passé (II)*
La veille, Pierre avait pris contact avec l'université. Il était arrivé à Montpellier deux jours auparavant car il voulait visiter la ville.	Sa première impression fut bonne, mais il comprit vite que la situation était difficile sur le marché du logement.	Le lendemain, il s'adresserait à une agence.	D'ici une semaine, il aurait sûrement réglé tous ses problèmes

2 L'agression. Quels temps faut-il mettre? Rayez les formes qui ne conviennent pas.

«Âgé de cinq ou six ans, j'étais / je fus / j'ai été victime d'une agression.
Je veux / j'ai voulu / je voulais dire que je subis / j'ai subi / je subissais une opération dans la gorge: on m'enlevait / enleva / a enlevé les végétations (Wucherungen) sans anesthésie. Mes parents avaient d'abord commis / commettaient / commirent la faute de m'emmener chez le chirurgien sans me dire où ils me conduisirent / conduisaient / conduiraient.

Si mes souvenirs sont / étaient / furent justes, je m'imaginai / imaginais / je me suis imaginé que nous allions / allons / allâmes au cirque; j'étais / je fus donc très loin de prévoir ce qui m'attendait / attendit / attendra. Cela se déroulait / se déroula / s'était déroulé comme un coup monté (Überfall). Me prenant sur ses genoux, le vieux médecin de famille me dit / m'a dit / m'avait dit qu'on joua / jouera / jouerait à la cuisine.
Je ne me souvenais / souviens de plus rien sauf du cri de bête que je poussais / poussai / j'ai poussé quand le chirurgien plongeait / avait plongé / plongea dans ma gorge ses outils. Ma mère, qui était restée / restait / resta dans la salle d'attente en fut / était / a été effrayée. Dans le fiacre qui nous ramena / ramenait / avait ramenés, je ne dis pas/ je n'ai pas dit / je ne disais pas un mot; le choc avait été / fut / était si violent que pendant vingt-quatre heures il était / fut / serait impossible de m'arracher une seule parole. Jamais je ne pouvais / pus / ai pu pardonner aux adultes une telle trahison.»

(D'après Michel Leiris, L'âge d'homme.)

C Der Wechsel der Sprecherperspektive und die Änderung der adverbialen Bestimmungen von Zeit und Ort

Beim Vergleich der beiden vorangegangenen Tabellen stellen Sie fest, dass es im *récit* nicht nur zu einer Veränderung der Zeit kommt, sondern auch der Sprecherperspektive. Dies schließt eine **Veränderung der adverbialen Bestimmung** mit ein.

Discours: **Hier**, j'ai enfin pu m'inscrire à l'université. J'y étais déjà allé **il y a deux jours**, mais tout était fermé.
Récit: **La veille**, Pierre avait pris contact avec l'université. Il était arrivé ... **deux jours auparavant** ...

Auch im Deutschen verändern sich die zeitlichen und lokalen Bestimmungen bei einem Wechsel der Sprecherperspektive:

		Rede mit Bezug auf die Sprechersituation	Bezug auf einen anderen Zeitpunkt (Vergangenheit oder Zukunft)
	lokal	hier hierher	dort dorthin
Rückschau	temporal	gestern letztes Jahr bisher	am Tag zuvor das Jahr zuvor bis dahin
neutrale Perspektive	temporal	zur Zeit im Augenblick	damals in jener Zeit
Vorausschau	temporal	morgen bald in 8 Tagen	am folgenden Tag kurz darauf 8 Tage darauf

Im Französischen ergeben sich in der Regel folgende Veränderungen der adverbialen Bestimmungen:

	Bezug auf die Sprechsituation	Bezug auf einen anderen Zeitpunkt (Vergangenheit oder Zukunft)
lokal:	ici	là-bas
temporal: Rückschau	hier, avant-hier la semaine dernière vendredi dernier il y a huit jours tout à l'heure (vorhin) il y a un mois il y a un an l'année dernière	la veille, deux jours avant la semaine passée vendredi passé huit jours auparavant il y a peu de temps / récemment un mois auparavant un an auparavant l'année passée
neutrale Perspektive	maintenant, en ce moment aujourd'hui ce soir	à ce moment-là ce jour-là le soir même, ce soir-là
Vorausschau	demain après-demain samedi prochain la semaine prochaine dans un mois à l'avenir dans un an, l'année prochaine dans dix minutes dans huit jours	le lendemain deux jours plus tard le samedi suivant la semaine suivante le mois prochain désormais l'année suivante dix minutes plus tard huit jours après / plus tard

Test

I Faits divers.
Retrouvez les temps de cet article de journal. Une lycéenne blesse son frère à cause du programme télé.

Hier, une jeune fille de 18 ans ____________________[1] (blesser) son frère d'un coup de couteau à l'épaule. Tandis que la jeune fille ______________________[2] (choisir) une chaîne cablée, son frère ________________________[3] (vouloir regarder) un match de foot. La jeune fille ______________[4] (saisir) un couteau et ____________________[5] (frapper) son frère à l'épaule. Blessé, celui-ci _____________________[6] (être transporté) à l'hôpital, d'où il _________________________[7] (pouvoir sortir) hier. Le père, qui _____________________[8] (rentrer) ce jour même de l'hôpital après une opération au cœur, ______________________[9] (ne pouvoir supporter) le drame. On _____________________[10] (devoir) l'hospitaliser à nouveau.

10 points

II a) Lesen Sie diesen kurzen Brief, und unterstreichen Sie die Zeitangaben.
b) Wandeln Sie diesen Brief in eine Erzählung um. Achten Sie dabei auf die Veränderung der Zeitangaben.

Cher parents

Je suis bien arrivée la semaine dernière à Paris. Il y a deux jours, je me suis inscrite à la fac de lettres. En ce moment, je vous écris de la terrasse d'un petit café du Quartier Latin, car aujourd'hui il fait très beau malgré l'orage d'hier. Demain, je fais le tour des villes nouvelles de Marne-la-Vallée et la semaine prochaine je participerai à un rallye sur l'art à la Défense.
J'ai eu beaucoup de choses à régler ces derniers temps, mais je vous promets de vous donner plus régulièrement de mes nouvelles à l'avenir.
Gros bisous

Annie

15 points